La Cité Bel-air
Cent ans d'histoires

Pascal SERRE

Les Amis de Barnabé

Bercés par les clapotis de l'Isle

Par *Gérard Fayolle*
Président de la Société Historique et
Archéologique du Périgord

L'ouvrage consacré à la Cité Bel-Air et souhaité par la municipalité de Boulazac-Isle-Manoire présente plusieurs particularités qui font l'intérêt de ce travail.

Tout d'abord, le choix de l'histoire d'un quartier, au sein d'une vaste agglomération, donne un éclairage nouveau sur le passé. Et d'autant plus que l'histoire de la Cité Bel-Air, à la différence de plusieurs quartiers « historiques » ne commence vraiment qu'avec le XX° siècle. Il s'agit donc d'une étude d'histoire vraiment contemporaine.

Il s'agit aussi, autre originalité, d'une étude, d'ailleurs très documentée, sur la naissance d'une communauté nouvelle, créée artificiellement par la volonté politique et administrative – comme jadis, au Moyen-âge, nos rois créaient les bastides !

Et, du coup, le terroir agricole des bords de l'Isle voué à alimenter la métropole voisine de Périgueux, entre sans transition dans la grande histoire, celle de la violence de la guerre de 14. Ces paisibles jardins, loin du front, se retrouvent en quelque sorte, tout près des lignes, témoins involontaires des horreurs d'une boucherie qui s'installe pour quatre années.

La ville nouvelle vouée aux secours des blessés se construit dans l'ordre et dans la hâte, avec son église et ses rues perpendiculaires (le plan des bastides !). Les animations économiques, religieuses, culturelles apparaissent spontanément autour de ce lieu à vocation militaire et humanitaire ? Le choc est d'autant plus fort que les arrivants viennent du Nouveau Monde. Le pays occitan qui se francise sans hâte doit se mettre à l'anglais et même l'anglais du Kansas. Le livre décrit la cohabitation des enfants de Jacquou et de des enfants de Buffalo-Bill.

Ce choc économique et culturel en annonce une série continuelle. L'auteur décrit les évolutions spectaculaires qui vont succéder à celles créées par la Grande Guerre. Elles sont diverses, autour de la cité Bel-Air, depuis les extensions du Paris-Orléans – P.O. –, l'extension du cimetière, ou encore l'arrivée du V° régiment de dragons et l'essor des trente glorieuses .

Bien entendu, l'auteur décrit les évolutions sociales et politiques qui accompagnent ces mutations : l'engagement des poilus, les mouvements pacifistes, l'essor du parti communiste, l'action des élus comme Lucien Dutard et les transformations actuelles initiées par la municipalité de Jacques Auzou.

Mais la grande originalité de cette recherche historique, c'est la patiente collecte par l'auteur de très nombreux témoignages d'habitants qui ont connu ces mutations. Certes, dans cette période, tout le Périgord a changé , mais ce petit territoire représente un condensé des bouleversements du XX° siècle.

Les habitants interrogés par Pascal Serre les décrivent d'une manière vivante. Les récits sont variés et les appréciations diverses. Ce qui donne au travail du journaliste sa dimension chaleureuse et humaine. Le lecteur a l'impression de bavarder avec les habitants et de partager la vie du quartier.

Le livre n'oublie pas, bien sûr, la célèbre buvette de

Barnabé. Car elle a vraiment une dimension emblématique. Sa naissance, son essor, puis les divers aléas qui amènent sa fermeture servent de fil rouge à l'histoire locale, car elle symbolise les diverses époques pour beaucoup d'habitants du Périgord qui y ont des souvenirs ? Sa résurrection actuelle, voulue par les pouvoirs publics est elle aussi le symbole attachant d'une renaissance.

Nous invitons les lecteurs du livre du centenaire de la Cité Bel-Air à le déguster sous les ombrages de la célèbre guinguette, bercés par les clapotis de l'Isle qui a vu dans ses reflets toute cette belle histoire.

Gérard FAYOLLE

Le roman de plusieurs vies

Par *Jacques Auzou*
Président du Grand Périgueux
Maire de Boulazac-Isle-Manoire

Bien connu du monde de l'édition locale, j'avais missionné Pascal Serre pour effectuer un travail de mémoire sur la Cité Bel-Air, quartier atypique de la commune de Boulazac.

En effet, construit sur les restes d'un ancien camp et hôpital créés par nos alliés américains en 1917, son origine reste profondément ancrée dans son identité actuelle, tandis qu'au fur et à mesure du renouvellement de la population, cette origine même tend à s'oublier. Coïncidant avec le lancement de la commémoration du centenaire de la Grande Guerre, ce travail prenait un jour particulier. Recherches approfondies aux archives départementales, rencontres avec des historiens, recoupement des études existantes et récolte de témoignages ont permis de constituer la base d'une aventure qui a finalement dépassé la demande initiale.

C'est avec l'association « les Amis de Barnabé » que Pascal Serre va poursuivre les entretiens avec les habitants « historiques » de la Cité Bel-Air afin de reconstituer la mémoire vive du quartier. Une mémoire agrémentée de multiples anecdotes qui lui donnent plus d'âme encore.

Des terrains maraîchers de 1917 au quartier urbain de 2017,

la Cité Bel-Air aura traversé plusieurs vies. L'édification du camp et la présence américaine bien sûr - puis l'arrivée des premières populations « civiles » majoritairement ouvrières et cheminotes - l'implantation des réseaux d'électricité dès 1936 - l'acheminement de la modernité grâce aux « samedis communistes » - la construction de la guinguette de Barnabé en 1935 et ses bals populaires, ses cours de natation dans l'Isle, son bac, son mini-golf... - la création du stade Jules Dubois et la naissance de l'Etoile Sportive de Boulazac en 1937 puis, en 1980, du Tennis Club de Boulazac – la construction de l'école Joliot-Curie en 1958...

Tout un roman !

Et c'est bien un livre qui a fini par émerger de ce long travail de recherche.

Car, Pascal Serre est aussi auteur. Et de cette foisonnante matière, il a retracé une histoire de la Cité Bel-Air humaine et documentée qui vous permettra de découvrir comment ce quartier, qui fût pendant longtemps le cœur de Boulazac (*), s'est édifié, et pourquoi il est si cher à ceux qui y ont vécu, y vivent encore ou tout simplement ont fréquenté la guinguette de Barnabé.

Pour ma part, c'est à la Cité Bel-Air que j'ai choisi d'acheter un logement lorsque je suis arrivé à Boulazac. Mes parents y ont alors élu domicile et y ont vécu jusqu'à la fin de leurs jours. C'est aussi le quartier qui a vu grandir mes enfants... C'est donc, vous vous en doutez, un attachement personnel tout particulier qui me lie à la Cité Bel-Air et ses habitants.

Je vous souhaite une excellente lecture.

Jacques AUZOU

(*) commune créée en 1800

De l'histoire aux histoires

De l'histoire aux histoires

Jusqu'au XXe siècle, le mamelon qui surplombe le faubourg de Saint-Georges et la vieille cité du Puy-Saint-Front, constitué de prés, de quelques sentiers où les genévriers et les châtaigniers, prospèrent. Le léger côteau redescend aimablement sur la rivière l'Isle qui offre déjà sa fraîcheur. Le moulin du gué de Barnabé devient une promenade pour les nobles et bourgeois de Périgueux.

La pente douce qui remonte de Périgueux vers la voie romaine qui deviendra, par la suite, la route nationale 89, restera un passage presque obligé entre *Brua*, Brive-la-Gaillarde aujourd'hui ,et *Vesunna* devenue Périgueux. C'était une voie importante reliant en fait le pays des Pétrocores à l'Auvergne et au Quercy.

Par ailleurs, les vestiges d'un aqueduc témoigne de l'importance accordée au lieu. Mais, aucune trace de présence humaine antérieure à la période gallo-romaine n'a été decelée sur le site.

Du Moyen Âge jusqu'à la Révolution on défrichera progressivement et s'installeront des activités agricoles et d'élevages. Au XIXe siècle, le maraîchage apparaîtra et se développera jusqu'à la première guerre mondiale.

Au XVIIe siècle, on relève quatre foyers d'activités et d'habitation : le moulin de Barnabé, le Pavillon, la Garenne et Petit-Change.

Dans son Grand Livre de Périgueux, l'historien Guy Penaud témoigne de l'existence du moulin de Barnabé ainsi : «Dit également moulin de Barnabé ou du Prat (jusqu'au XVe siècle), ce moulin était situé sur la rive droite de l'Isle, en amont du pont de Tournepiche. Il se trouvait dans l'un des rares secteurs de prés, comme son nom initial peut le laisser supposer. Les Barnabé en acquérirent la moitié en 1405. Il semble que l'autre moitié était à un autre bourgeois, Hélie de Pleyschac. A partir du moment où il est entré dans le patrimoine de l'importante famille de Barnabé, il n'a pas eu d'autre histoire que celle de son entretien et de sa gestion, si ce n'est qu'il aurait été endommagé lors d'une inondation en 1410.»

Le 30 mai 1800, ce qui deviendra par la suite la Cité Bel-Air est intégrée dans la toute nouvelle commune de Boulazac. Si la population totale de la Boulazac est fixée à 492 habitants aucune mention n'est faite sur le site de la future Cité Bel-Air. Tout au plus on pourrait aligner une trentaine de métayers qui exploitent les terres des propriétaires le plus souvent éloignés sur Périgueux. Le bourg de Boulazac étant réduit à 22 âmes autour de l'église et du presbytère, à laquelle se joindront la mairie et l'école. Boulazac est une des rares communes à ne bénéficier d'aucun commerce ou auberge.

Evoquant la période qui couvre 1800 à 1920, Jean Dumas, historien, en 1947, dans ses Chroniques de Boulazac, relèvera : «on ignore aussi la Cité Bel-Air».

L'arrivée du chemin de fer avec l'inauguration de la ligne menant de Périgueux à Brive, en 1856, l'installation d'une gare dans le quartier voisin de Saint-Georges situé sur la commune de Périgueux, mais toute proche, ne troublera pas la virginité champêtre des lieux dévolus à des activités considérées comme immuables.

Deux années plus tard, la municipalité de Périgueux vote la création d'un «Grand Cimetière», à l'Est, sur le boulevard du petit-Change, face au futur quartier de la Cité Bel-Air, dénommé cimetière des Barris-Saint-Georges ou cimetière des Pauvres. Il est béni le 9 octobre 1859. Là encore, aucune influence sur l'urbanisation des lieux.

En 1912, la construction de la caserne Daumesnil, en partie sur le boulevard du Petit-Change mais côté Ville de Périgueux, n'aura aucune influence sur des terres toujours dévolues aux ancestraux labours et paturages. Quelques rares constructions, à la lisière de Perigueux et Boulazac, s'élèvent sans contrarier l'air du temps.

Le samedi 1er 1914, à quatre heures trente de l'après-midi, le curé de Boulazac actionne la lourde cloche de l'église pour sonner le tocsin dont le son ne parvient pas jusque sur le plateau de la Cité Bel-Air. C'est par le tocsin de la cathédrale Saint-Front que la nouvelle de la déclaration de guerre s'impose. La nouvelle est attendue car la presse relate depuis plusieurs jours avec enthousiasme les évènements qui se sont succédés depuis le 28 juin 1914 où l'Archiduc héritier d'Autriche-Hongrie, François-Ferdinand, et son épouse, Sophie sont assassinés à Sarajevo.

Dans les fermes de la Cité Bel-Air on a achevé les moissons et l'on s'affaire auprès des animaux autant qu'à l'entretien des outils en prévision de la prochaine récolte. Les plus jeunes, guère plus d'une dizaine, l'esprit patriotique forgé par les hussards de la république et certains d'une victoire pour les fêtes de Noël, ouvrent quelques bouteilles. On se rend plus joyeux qu'inquiet au quartier Daumesnil tout proche pour s'enquérir des nouvelles, découvrir l'affiche qui annonce la mobilisation et effectuer les premières recherches sur les listes nominatives de mobilisés.

Personne ne peut imaginer l'effroyable boucherie qui va durer quatre épouvantables années et sera ponctuée par les allers et venues des gendarmes prévenant de la mort d'un fils, d'un parent, d'un proche, ou le facteur apportant quelques nouvelles du front qui se voulaient toujours rassurantes.

Pour le petit bout de France que constituent la dizaine de fermes disséminées sur le plateau et le côteau qui descend vers la rivière, personne, non plus, ne peut imaginer que c'est tout un monde qui va disparaître. Au monde rural saigné dans des batailles le plus souvent sans véritable issue, c'est le paysage de la Cité Bel-Air que l'Histoire va entraîner dans une mutation qui, un siècle plus tard, donne un visage urbain et une identité si particulière.

- ▼ -

L'arrivée des Sammies

L'arrivée des Sammies

L'histoire va bouleverser l'ordonnancement paisible et immuable de la ville de Boulazac et, plus particulièrement le site de la Cité Bel-Air. Le 6 avril 1917 les Etats-Unis déclarent la guerre à l'Allemagne et à l'Autriche et rejoignent les alliés. Dés lors, ce sont des centaines de milliers d'Américains qui vont être amenés par bateau en Europe et plus particulièrement en France. Bordeaux est l'un des ports retenus pour leur débarquement. Mais, il faut aussi assurer l'accueil des « sammies ». C'est ici que le destin de Boulazac et du quartier de la Cité Bel-Air va être bouleversé de façon irréversible.

En effet, la commune de Boulazac est retenue parmi les vingt centres hospitaliers américains construits en France durant la Première Guerre mondiale. Si la présence de soldats américains sur Périgueux et Boulazac est évoquée dès juillet 1917 le document écrit le plus ancien, daté du 29 mars 1918 mentionne : « des troupes américaines se trouvent actuellement dans la commune de Ménesterol et à Périgueux. » C'est le 12 décembre 1917 que l'autorisation fut donnée concernant la construction de dix hôpitaux de type A et parmi lesquels se trouve celui de Boulazac.

Le choix de Boulazac et de la Cité Bel-Air a été soumis aux conditions suivantes : présence d'accès ferroviaires, possibilité de raccordement de ces derniers avec l'hôpital et le camp, la capacité de construire des bâtiments communs tels que entrepôts, garages, logements, chapelle, la faculté de construire des routes, d'aménager l'assainissement et de réaliser l'adduction à l'eau et à l'électricité.

La superficie retenue pour ce camp serait de vingt-quatre hectares. Selon la presse locale, il serait ainsi délimité : au nord, la rive gauche de l'Isle ; au sud, la rue du Petit-Change, à l'est, le mur d'un parc appartenant à Madame Dubois ; à l'ouest, le chemin qui va du cimetière à la rivière. Dans le plan actuel on peut le fixer entre le boulevard du Petit-Change et la rue John Kennedy, entre les rues Franklin et la rue de la Somme.

C'est un quadrilatère avec ses rues droites parallèles et perpendiculaires qui va fixer l'urbanisme futur de ce qui deviendra le quartier de la Cité Bel Air. Un urbanisme qui a traversé le temps et donne à ce lieu un aspect particulier et typique.

L'Avenir de la Dordogne, journal local, dans son édition du 20 mars 1918 annonce : « un train sanitaire est arrivé hier en gare de Périgueux ; un certain nombre de blessés ont été transportés dans nos divers hôpitaux. » Ceci ne signifie pas pour autant que le camp et l'hôpital de La Cité Bel-Air étaient en activité ; de nombreux bâtiments publics ont servi d'hôpitaux dans l'enceinte même de la ville de Périgueux.

Pour la commune de Boulazac, qui compte à l'époque quelques huit cents habitants, l'annonce d'un tel ensemble qui pourrait accueillir jusqu'à deux mille blessés et plusieurs centaines de personnes en appui, ne manque pas de jeter la suspicion et même le trouble, mais aussi animer des intérêts divers quant à la probable manne financière que cela peut entrainer.

On sait qu'au début de l'année 1917, l'état-major américain a retenu deux maisons particulières à Périgueux, rue de Constantine ; Chamiers, à l'ouest de Périgueux accueille un camp d'entraînement pour les soldats américains puis, finalement, sera affecté au dépôt de matériel, de munitions et de subsistances. Tout ceci est débarqué dans les grands ports de Bordeaux et La Rochelle puis acheminé pour une grande partie vers Périgueux, Chamiers et Boulazac.

Dans le même temps, deux ingénieurs anglais accompagnés d'un interprète s'installent dans un immeuble du boulevard du Petit-Change. Les premiers terrains pris en location par l'armée américaine appartenaient à la famille d'Abadie qui résidait au Pays basque et se situaient dans la partie du quartier actuel de la Cité Bel-Air, entre les rues de Chicago, des Loisirs, des Hollandais et le boulevard du Petit-Change.

Le 17 juillet 1917, trois médecins américains du service de santé ont passé une soirée avec le docteur Deschamps, médecin-chef de la place, pour s'occuper de l'installation d'un grand hôpital pour les blessés alliés. Dans la journée, des visites ont été effectuées dans divers emplacements, notamment sur les terrains de la Cité Bel-Air. La ville bruissait de mille rumeurs mais le secret du lieu d'implantation restait entier. Ainsi, L'*Avenir de la Dordogne* écrivait : « La mission américaine a annoncé son intention de faire de notre département, pour plusieurs raisons que nous n'avons pas à indiquer, un centre d'hôpitaux. » Mais la présence de plus en plus importante de soldats et de matériel américains à Coulounieix et Périgueux ne laissait aucun doute sur le fait que dans les semaines à venir il y aurait un événement majeur dans la vie de Boulazac.

Les négociations entre les autorités militaires et les propriétaires des terrains ne laissent aucun doute, non plus, sur l'événement, même si on ne connait pas vraiment l'affectation et le rôle donnés à ces travaux.

Effectivement, très vite et de façon spectaculaire une cité de tentes est élevée. Des travaux d'abattage d'arbres, de nivellement et de terrassement sont entrepris. En quelques semaines, à la Cité Bel-Air, le camp et l'hôpital sortent des prés. Un incessant ballet de trains arrivant en gare de Périgueux, et de camions et de side-cars traversant la ville pour gagner le quartier de la Cité Bel-Air ne passe pas inaperçu. Sur le site, on travaille presque nuit et jour, par équipe. Si les matériaux et l'encadrement sont américains, on a fait appel à de la main-d'œuvre locale qui y trouve une réponse au déclin des campagnes environnantes.

Des baraques en toile goudronnée, très basses, longues et

étroites sont construites par des ouvriers venus de tout le département. Puis surgissent les dépôts de matériel et de vivres, les cuisines, la laverie, les latrines, les ateliers de réparations, les logements et installations médicales, les baraquements destinés au logement des blessés. Les conditions sanitaires sont strictement conçues et adaptées au camp. L'électricité et les communications aussi. Un château d'eau est érigé afin de garantir une eau potable mais ne permet qu'une distribution quotidienne de quatre heures ; ce qui ne va pas sans poser des problèmes, notamment pour les services médicaux. Une chapelle sera édifiée.

Les autorités civiles et militaires voudraient que l'arrivée des troupes se fasse, dans un premier temps, dans la plus grande discrétion. Toutefois, la presse locale s'empare de l'événement à portée mondiale : « Que nos alliés soient à Périgueux les bienvenus ! » Il est vrai que, outre ses fonctions de logistique et d'hôpital, le camp de la Cité Bel-Air avait pour vocation de permettre « l'acclimatation » des soldats américains, car il y avait une volonté de l'Etat-Major américain d'adapter ses soldats au mode de vie européen.

Avec leur chapeau à larges bords dit boy-scout - *campaign hat*, chemise kaki à poches dite « américaine », culotte de cheval étroite, souliers souples et silencieux, jambières et ceinturon en épaisse toile beige... imperméable verdâtre à dossard et fermeture à boucle, les premiers soldats américains ne passent pas inaperçus.

Les habitants doivent s'habituer à l'incessant passage des camions et tracteurs aux roues à bandages de l'époque.

Déjà, le 4 juillet 1917, jour de la fête de l'indépendance des Etats-Unis, toute la ville de Périgueux est aux couleurs américaines. Dans l'Avenir de la Dordogne, sous la plume du proviseur du lycée Bertrand-de-Born, Monsieur Bayle : « l'Amérique a triomphé, si l'Amérique a pu abattre le colosse britannique, c'est à la France qu'elle le doit, à son or, à son sang, surtout à ses volontaires, sans oublier les Périgordins, les Talleyrand-

Périgord, les Beaupoil de Saint-Aulaire, les de Lestrade de Conti qui versèrent leur sang pour la cause de la liberté. »

Très vite les américains seront adoptés et considérés comme Périgourdins. A La Cité Bel-Air où l'on attend jusqu'à deux mille blessés, ils sont plusieurs centaines sur le site. Comme il n'y a pas de commerces sur place, ceux-ci se rendent à Périgueux où, devant le refus des Périgourdins de prendre leurs dollars, la Banque de France va procéder à des échanges afin qu'ils aient des francs à disposition.

Dés février 1918, le Conseil municipal de Périgueux ayant dévolu un terrain, un cimetière dédié aux soldats américains est créé sur le boulevard du Petit-Change, à l'est du cimetière de Saint-Georges, à proximité du camp qui ne cesse de se développer.

Les journaux locaux insèrent de nombreuses annonces concernant les besoins en logements des américains : « Les directeurs ou propriétaires d'anciens établissements scolaires, d'anciennes communautés religieuses, de châteaux ou de grandes propriétés et, plus généralement, tout établissement susceptible d'être utilisé pour des formations sanitaires, qui seraient désireux de céder ou de louer ses locaux à l'autorité militaire américaine, sont priés d'adresser une demande. »

Sur les conditions, on sait que celles-ci sont exclusivement de la location, sur une durée minimale d'un mois. Le contrat était renouvelé de mois en mois. Le nombre de jours était flexible selon le bien loué. Les loyers étaient versés « à terme échu, en argent ayant cours en France ou en chèque direct, délivré par un fonctionnaire du Quatermaster Department de l'Armée américaine.

Un état des lieux était effectué et les autorités américaines laissaient au propriétaire l'ensemble des charges, telles que assurances et taxes locales. Si des travaux étaient effectués par l'Armée américaine, elle devait remettre le bien dans son état primitif. Il semblerait aussi que les conditions de location étaient avantageuses pour les propriétaires.

Dés 1918, les autorités américaines étudient la construction d'un pont reliant la Cité Bel-Air au Maurilloux sur la commune de Trélissac ; une voie de raccordement entre la Cité Bel-Air et la ligne de chemin de fer menant de Périgueux à Brive est aussi étudiée ; la fin de la guerre ne permettra pas d'achever leur construction.

Au départ des Américains, en aout 1920, est fait mention de l'exécution de travaux ferroviaires réalisés par l'armée américaine, mais que les compagnies de chemin de fer ne souhaitaient pas conserver.

De l'autre côté de l'Atlantique, devant l'association américaine des éditeurs de journaux, le ministre de la marine américaine, M. Daniels, déclarera : « Nous avons construit en France des séries de quais, de chemins de fer et de magasins en quantité afin de pouvoir subvenir aux besoins de nos armées. Si les magasins nécessaires à l'armée américaine, construits ou projetés, étaient mis à la suite l'un de l'autre, de façon à ne former qu'un seul magasin de seize mètres de large, celui-ci aurait la longueur de quatre cents kilomètres. »

En France, Monsieur Caw, de la société Mac Donald Gibbs & Cie et responsable des travaux de construction des sites, notamment celui de la Cité Bel-Air, a décidé d'offrir un lunch aux blessés anglais à Périgueux, à l'hôtel des Postes. Un concert a été donné où les hymnes anglais, américain et français ont retenti.

On pouvait lire dans la presse locale : « Tous les orateurs ont vanté la grande et belle France et le bon accueil périgourdin car, chez nous, ils se sentent en confiance comme dans leur propre pays. »

Il est vrai que cette arrivée a entraîné une activité économique salutaire pour la région. Tout d'abord, à la Cité Bel-Air, dans la rue du Pavillon, s'installe une scierie qui assure le débit des grumes d'essences locales nécessaires à la fabrication des charpentes, solives et autres bois d'œuvre, le tout à l'aide de scies circulaires actionnées par des locomobiles. A côté se trouvait une usine de parpaings confectionnés avec du ciment venu d'Outre-Atlantique.

Par ailleurs, le camp américain est le premier à se servir en produits frais dans les propriétés alentour. Un commerce parallèle s'installe et prospère. La discipline militaire est bien là pour qu'aucun dérapage ne se produise, mais l'eau de vie est un produit très prisé... Les relations des militaires avec la population civile sont strictement réglementées. Par exemple, la vente de vin et d'alcool n'était autorisée qu'entre douze heures et quatorze heures et entre dix-huit heures trente et vingt et une heures trente.

On n'a pas connaissance de liaison ayant entraîné un mariage et aucune trace, à ce jour, de naissance entre américain et Boulazacoise n'est signalé.

Autour du camp, viennent s'installer des hommes et des femmes ayant quitté leur terre pour offrir leur bras. On estime qu'une centaine d'entre eux fut embauchée. Le 23 avril 1918, une lettre du Général Commandant la 12e région militaire française indique que « les autorités américaines sont disposées à faire appel aux services des réfugiés présents dans votre département [la Dordogne], qui pourraient être employés aux travaux entrepris par les Américains. »

Et de poursuivre : « Les autorités locales civiles devront s'adresser à la section franco-américaine de l'Etat-Major de la 12e Région, 8e bureau, pour lui signaler les disponibilités locales en main-d'œuvre (réfugiés et indigènes). » Les besoins sont les suivants : terrassiers, manœuvres, maçons, charpentiers. La population découvre ainsi des techniques d'urbanisation et de construction particulièrement rationnelles. Ainsi, et on le voit encore de nos jours, le territoire du camp est découpé en sections quadrangulaires identiques. Les bâtiments sont méthodiquement disposés parallèlement, ce qui est toujours visible dans l'urbanisation de cette partie du quartier. Tout débute par la construction des voies de circulation. Les baraquements étaient construits pour mi-partie en matériaux durs, briques et agglomérés de ciment, et mi-partie en préfabriqué démontable. Les cloisons intérieures étaient en carton compressé. La largeur de bâtiment se situait entre six et dix mètres et la longueur de cinquante mètres.

L'important trafic de marchandises venu des Amériques est aussi accompagné d'un développement de petits commerces plus ou moins licites. Quelques artisans viennent y proposer leurs services.

Les soirées musicales données par les américains dans le hall de récréation de l'hôpital, situé boulevard du Petit-Change, permettent de lier des contacts qui ne sont pas sans intérêt pour les plus entreprenants... Durant cette période qui s'étale de février 1918 à mars 1919, la Cité Bel Air accueille toutes les notabilités de Périgueux venues découvrir une nouvelle culture, faire quelques affaires ou régler certaines transactions.

Le 4 juillet 1918, c'est à Périgueux que l'on se rend pour fêter « l'Indépendance Day ». On a organisé une revue des troupes avec des représentants de l'armée américaine, les officiels locaux, les enfants des écoles. Le Préfet, Paul Roquère, a même donné congé dans toutes les écoles du département. C'est au Parc des Izards, à Coulounieix, que les athlètes américains et français se défient devant dix mille personnes. Ce jour-là, les Français ont remporté le cent mètres plat et le saut en longueur ; les américains, le quatre cents mètres et le lancer de poids. Des matchs de boxe furent disputés comme intermède et ils intéressèrent beaucoup l'assistance, peu habituée à ce genre de sport.

Le même jour, à Boulazac, à la Cité Bel-Air, parfaitement alignés et musique en tête, les soldats américains offraient une cérémonie tout aussi éclatante mais plus protocolaire. Antoine Constant, le maire de la commune était au premier rang avec une grande partie de son conseil municipal ; les autorités militaires françaises ; Joseph Marty, curé de la paroisse représentait Maurice-Louis Rivière, évêque de Périgueux et Sarlat ; plusieurs centaines de personnes se pressaient autour de la bannière étoilée et des drapeaux des pays alliés ; un buffet clôturait cette émouvante manifestation.

Chaque mercredi, en fin de journée, fanfare en tête, les soldats américains gagnaient par le boulevard du Petit-Change le kiosque à musique des allées de Tourny à Périgueux pour un concert sous les applaudissements des riverains. Des bals ouverts aux habitants étaient aussi organisés par les autorités locales. Ceux-ci s'y rendaient avant tout par curiosité, car le jazz était fort éloigné des coutumes musicales françaises du moment. C'était l'époque du Quintette Original Dixieland Jazz band, qui fut le premier à enregistrer un disque de jazz.

Mais, il ne faut pas l'oublier, la Cité Bel-Air est avant tout un hôpital qui a pour but de soigner, rétablir et réconforter les militaires blessés au front. Ceux-ci arrivent prioritairement par la gare de Périgueux venant par Bordeaux ou par Limoges. C'est l'American Field Service constitué de jeunes des universités de la côte est qui assure une grande partie des transferts entre la gare et la Cité Bel Air. Ils bénéficient des célèbres ambulances Ford T 17 importées des Etats-Unis pour les cas les plus graves. Les transferts se font soit en soirée, soit tôt le matin. Il semblerait que l'on ne veuille pas que la population voit les blessés.

Le personnel médical et administratif travaille avec le *Factory And Barracks* installé dans l'école d'institutrices de Limoges et l'Hospital Complémentaire n° 25 situé au Petit lycée de Bordeaux. Un autre hôpital, de moindre importance, fonctionne à Montpon-Ménestérol et à Vauclaire – *Relieve Base Hospital n° 3.* Le nombre de blessés sur l'hôpital de Boulazac ne dépassera jamais les neuf cents et le nombre total de patients sur la période sera de 4 540. L'accueil est mentionné dans des locaux situés rue d'Abadie, entre les rues Edison et Antoine Deschamps.

Ainsi, entre juillet 1917 et mars 1919, Boulazac et plus particulièrement le quartier de La Cité Bel-Air vont vivre un « conte fantastique ». Le quartier de la Cité Bel-Air vivra intensément à l'heure américaine et sera un des lieux majeurs de la vie de ce qui deviendra plus tard l'agglomération Périgourdine. L'effervescence américaine a mis définitivement fin à la vocation rurale de La Cité Bel-Air.

C'est aussi le début d'une nouvelle époque qui sera marquée par un urbanisme progressif qui verra l'aménagement ou la destruction et le remplacement par des maisons neuves des baraquements abandonnés par les américains.

Le quartier passe d'un statut essentiellement agricole à celui d'une véritable petite ville. Il est encore aujourd'hui marqué par ses rues droites et perpendiculaires et ses noms de rues tels que Missouri, Kennedy, Louisiane, Canada, Texas, Chicago...

L'armistice mis en place, à partir de décembre 1918 le camp se vide progressivement de ses occupants. La Croix Rouge américaine fermera ses bureaux le 31 décembre. En mars 1919 les autorités militaires françaises reprennent possession des terrains et bâtiments.

Quelques éléments de l'armée américaine, assurant la conclusion des opérations de liquidation et de transfert du site et des matériels, resteront vraisemblablement jusqu'à la fin de l'été 1919. Des négociations sont engagées entre américains et français, car la démolition de certaines infrastructures serait à la fois coûteuse et contraire à l'intérêt. Le processus sera long, puisque les propriétaires privés ne retrouvent leur bien qu'à partir de 1921.

- ▼ -

De l'armistice
à la montée des périls

De l'armistice à la montée des périls

Le 11 novembre, l'armistice est signé dans la clairière de Rethondes. La cloche de l'église de Boulazac retentira en fin de matinée dans la campagne et son écho parviendra difficilement jusqu'à la Cité Bel-Air où déjà les Américains se préparent à fêter l'événement. Averties de l'armistice par un message radiophonique, spontanément, deux mille personnes se rendent au camp américain de la Cité Bel-Air ; des groupes d'enfants portent des drapeaux américains et français et chantent La Marseillaise avec les soldats. Personne ne songe que c'est la fin d'une époque aussi courte qu'intense.

Très vite, le 31 décembre 1918, la Croix Rouge américaine a cessé de fonctionner à Périgueux. L'arrivée des blessés en gare de Périgueux se fait de plus en plus rare. Dans l'euphorie de la victoire, la population de Boulazac s'inquiète sur l'avenir du camp et de l'hôpital qui participent à l'activité économique et sociale.

La municipalité de Boulazac s'interroge sur cet héritage aussi prometteur qu'encombrant. Il faut rappeler que les terrains et les bâtiments construits par les américains appartiennent à des propriétaires privés. La municipalité de Joseph Saint-Martin souhaite en racheter la plus grande partie, mais elle ne pourra le faire qu'à partir de 1930 à cause des procédures et des intermédiaires qui voyaient là quelques bonnes affaires à réaliser.

La vente des installations et des biens fut dévolue au Sous-intendant militaire de la liquidation des stocks installé en Gironde, à Saint-Sulpice et Cameyrac. Celui-ci est chargé d'évaluer les indemnités pouvant être dues pour la remise en état des terrains occupés par l'armée américaine.

Dés le début de l'année 1920, une société « L'industrielle Immobilière du Périgord » se portait acquéreur des baraquements situés au camp des Jalots sur la commune de Trélissac et celui de La Cité Bel-Air sur la commune de Boulazac. Toutefois, le 28 septembre 1920, le Sous-Secrétaire d'État des Finances chargé de la liquidation des stocks adresse une lettre à monsieur Maurice Vitrac l'informant qu'il décidait de ne pas donner suite au projet de cession à la Société « L'Industrielle Immobilière du Périgord » des baraquements américains de Trélissac, Périgueux et... Boulazac. En juin, Paul Delfour, industriel à Egletons, en Corrèze, agissant pour le compte d'une société en formation et Henri Schevallier, architecte du Gouvernement, expert au ministère de la Guerre et des finances, avaient signé un projet de convention de cession. Cet accord était soumis à l'approbation du Ministre des Finances.

Par convention, l'État français s'était substitué à l'armée américaine dans ses droits et devoirs. Paul Delfour, à son tour, prenait à sa charge les mêmes droits et devoirs sur certains terrains, ceux des familles d'Abbadie et Verninac de Saint-Vaur.

Dans son mémoire de maitrise d'histoire réalisé en 1999, qui avait pour objet l'histoire de la ville de Boulazac, Jérôme Mathet précise : « L'État ayant obtenu option de vente pour les terrains appartenant à ces propriétaires ainsi que le sieur Bosche dont la partie haute des terrains est mordue par la présence de plusieurs baraques, se désiste en faveur de M. Delfour qui accepte. De même l'État abandonne à M. Delfour les baraquements tels qu'ils sont en 1920, la viabilité, chemin, eau, château d'eau et la voie de raccordement allant du chemin de fer dut du P.O. au camp de Saint-Georges, moyennant quoi le sieur Delfour ferait une affaire personnelle de toutes démarches et tractations avec les propriétaires tant pour ceux ayant leurs propriétés enclavées dans le camp, que pour les cinq autres propriétaires dont les terrains sont traversés par la voie de raccordement du chemin de fer. » Il est acquis que l'État prend à sa charge le loyer et les indemnités d'occupation jusqu'au moment où Paul Delfour deviendra propriétaire des terrains.

Paul Delfour, représentant la société L'Immobilière du Périgord, garantit dés lors l'État face à toute réclamation résultant de son fait ou du fait de tierce personne sur les terrains de huit propriétaires dont les familles d'Abbadie, De Verninac et Bosche, qui sont les premières concernées par l'importance des superficies possédées.

Cette procédure va permettre les premières ventes de terrains. Ainsi, Roger d'Abbadie vend ses terrains situés à La Garenne, d'une superficie de six hectares cinq cents, en janvier 1921. Des ventes qui vont se poursuivre durant une dizaine d'années. Pour l'heure, les baraquements et installations sont maintenus en l'état et ce n'est qu'au fur et à mesure des ventes et de l'arrivée des nouveaux occupants ou des affectations, que ceux-ci sont aménagés en conséquence. Les voiries mais aussi l'adduction d'eau, l'assainissement et l'électricité installés par les Américains sont simplement adaptés aux besoins les plus urgents.

La fin de la Grande Guerre est avant tout une victoire endeuillée. Sur la seule commune de Boulazac, avec une population de 806 habitants en 1911, 39 des siens sont morts au combat, 20 furent blessés et 8 prisonniers. A la cette grande saignée il faut rajouter la crise d'un monde rural déjà frappé par les phénomènes naturels mais aussi la modification des modes de production.

Déjà, entre 1914 et 1918, la mutation de l'économie aux nécessités de la guerre avait attiré les hommes non mobilisés et les femmes vers les ateliers de la Compagnie de Chemin de Fer du « Paris-Orléans » situés dans le quartier du Toulon à Périgueux.

Des ateliers qui fabriquaient des obus et assuraient aussi l'entretien des locomotives et wagons. Il y aura jusqu'à 2 600 ouvrières et ouvriers.

Ce fut véritablement le premier et le plus important témoignage de l'industrialisation en Périgord. Il faut encore imaginer l'important tissu de petites industries et activités artisanales qui rythmaient la vie d'un territoire encore fortement ancré dans ses origines rurales.

L'opportunité de louer le plus souvent, ou d'acheter pour les mieux fortunés un terrain ou un baraquement sur la Cité Bel-Air, correspondait à un besoin pour ces familles déracinées.

Il est toutefois important de souligner que ces familles étaient dans la précarité mais développaient une ardeur pugnace dans le travail, ce qui explique leur relative bonne implantation dans ce quartier encore excentré et qui ne savait pas si il dépendait de la commune de Boulazac ou de celle de Périgueux.

Pour ce qui relevait de l'administration, il fallait se rendre au Vieux bourg de Boulazac, et pour le travail c'était davantage sur Périgueux.

On constate que progressivement le site de la Cité Bel-Air se dote de constructions de types pavillonnaires ou d'anciens baraquements scindés en logements, ce qui contribue au maintien des entreprises artisanales implantées lors de l'arrivée des Américains. Des commerces se créent : boulangerie, épicerie, boucherie et, bien entendu, des cafés où se retrouvent principalement les hommes, entre le travail et le foyer familial.

Cette mutation du quartier de la Cité Bel-Air n'alla pas sans poser des problèmes que les nouveaux résidents exprimèrent par une réclamation au préfet de la Dordogne et au Conseil général. Ceux qui se nomment « Les pères de famille de la Cité Bel-Air » indiquent « les exigences toujours croissantes des propriétaires, la pénurie absolue de logement. »

Ce noyau d'ouvriers évoque par ailleurs la Cité Bel-Air en

ces termes : « un endroit autrefois triste et monotone qui est devenu une cité florissante. »

Dans la même lettre, « les pères de famille » précisent que la Cité Bel-Air se trouve à quinze kilomètres du chef-lieu de canton, Saint-Pierre-de-Chignac et à cinq kilomètres de la mairie de leur commune, Boulazac. Ce qui ne va pas sans causer des problèmes de déplacements.

Cette brusque et rapide urbanisation induit de nouveaux modes de vie et de consommation qui ne correspondent plus à la structure géographique et administrative de Boulazac.

Les besoins en eau, gaz, électricité, assainissement, voirie et structures collectives d'accueil, deviennent critiques et la municipalité de Boulazac n'a pas les ressources pour répondre immédiatement et de façon globale à ceux-ci.

Alors que la commune est restée dominée par sa dimension rurale, la Cité Bel-Air est entrée définitivement dans son histoire urbaine. Face à cette situation, la municipalité décide d'installer une mairie annexe dans l'ancien bâtiment servant d'hôpital dans le camp américain de la Cité Bel-Air. Désormais, c'est presque une ville, pour le moins un quartier en devenir qui recherche une identité entre les deux communes de Périgueux et Boulazac.

Les activités industrielles, artisanales et commerciales y sont nombreuses et variées : produits chimiques, scieries, fabricant de malles, cycles, droguerie, charpentier, charcutier, épiceries, cafetiers et restaurateurs, marchands de bois et de charbons, maçons et maréchaux-ferrants, bâtiment, vin en gros, cordonniers ; articles chaussants, boulangers… Faut-il préciser que le bourg de Boulazac, à ce moment-là, n'accueille aucune activité.

C'est presque naturellement que les 400 habitants de la Cité Bel-Air demanderont leur rattachement à Périgueux. Entre 1923 et 1932, les discussions vont bon train. Le préfet soutient la démarche, les élus Boulazacois s'en remettent à la volonté des habitants et Périgueux ne semble pas s'opposer à la demande.

L'historien Jérôme Mathet relate ainsi la conclusion : « Dès 1923, toutes les dispositions sont prises et la transaction en bonne voie. Mais les choses traînent et il semble que ce soit du côté de Périgueux. En effet, compte-tenu des installations que celle-ci doit faire à la Cité Bel-Air en gaz, électricité et voirie... l'acquisition de ce quartier apparaît coûteuse malgré le gain territorial, aussi minime soit-il. »

Les délibérations du conseil municipal de Boulazac, de 1923 à 1932, évoquent cette question du rattachement de la Cité Bel-Air à Périgueux. La municipalité trouvant la situation quelque peu figée entame les travaux sollicités par la population. En 1929, la création d'un syndicat d'électrification va assurer des travaux d'électrification.

La commune de Boulazac posera des conditions pour transférer les 24 hectares et les 439 habitants du quartier de la Cité Bel-Air qui seront considérés comme inacceptables par le Maire de Périgueux, Antoine Gadaud.

Le 6 juin 1932 le premier magistrat de Périgueux disait : « ce rattachement n'était pas une bonne affaire, mais il y a peu de municipalités qui puissent rendre des services à une population en faisant une bonne affaire. »

La proposition de rattachement est rejetée par le conseil municipal de Périgueux. On n'en reparlera plus jamais.

Dans ces années vingt et trente, la Dordogne est entre modernité et déclin. Le quartier de la Cité Bel-Air cherche sa place, à l'image des nouvelles cités qui fleuriront aux marches des grandes villes dans les années soixante. La population est avant tout prolétaires et les fondations d'un bastion «rouge» sont posées. Les familles propriétaires de terrains et qui ont profité de l'opportunité américaine cèdent progressivement leurs biens aux nouveaux arrivants. Tout ceci explique, en grande partie, une certaine mise à l'écart et la naissance d'une vie sociale de quartier repliée sur son territoire. Le Parti communiste saura tirer profit de cette situation.

Si la situation sanitaire est qualifiée de désastreuse, les

familles expriment une belle énergie et une solidarité exemplaire. Le premier dispensaire d'hygiène social ne sera créé qu'en décembre 1921 et il se situera à Périgueux. C'est le temps des coopératives ouvrières.

L'évêché se porte acquéreur d'un baraquement, rue de la somme, ancienne chapelle des soldats américains, afin d'en faire un lieu de culture qui sera régulièrement desservi par les prêtres de la paroisse Saint-Georges jusqu'aux années 1980. Quelques offices seront célébrés jusqu'à que la chapelle soit désacralisée et affectée aux archives diocésaines.

Presque un siècle passé, la mémoire ouvrière n'a pas occulté les grèves des «péotards» de 1920.

Déjà, le 1er mai 1919, les plus engagés se rendent à la traditionnelle fête du travail, sur les boulevards de Périgueux ; ils réclament un salaire de début à la hausse, la suppression du salaire à la tâche, l'application de la journée de huit heures pour les roulants immobilisés pendant les coupures non rémunérées en heures supplémentaires. En début d'après-midi, partis de la Bourse du travail, trois mille manifestants brandissant des drapeaux rouges et chantant l'Internationale acclament le président Woodrow Wilson devant les bureaux de l'État-major américain où les officiers les saluent poliment. Dans le quartier de la Cité Bel-Air, les derniers Sammies présents sont invités à festoyer en l'honneur de la classe ouvrière. Tout à côté, à Périgueux, Paul Bouthonnier, professeur et communiste, est élu avec quatorze de ses colistiers - quinze sont employés au *PO* - et devient le premier maire communiste de Périgueux. On le nommera le «Moscou de la France».

Le 1er mai 1920 marque le début de grandes grèves suivies par les 2 500 employés du *PO*. L'épilogue sera brutal et verra la révocation de deux mille quarante-sept cheminots. Ce qui plongera le quartier de la Cité Bel-Air dans le marasme et entraînera une véritable séisme dans les familles du quartier dont l'avenir passait par le salaire du «péotard». Quelques uns se lançeront dans l'artisanat pour contrarier la situation ;

d'autres retourneront à la campagne ; d'autres seront employés dans les petites manufactures de Périgueux.

Lors des évènements du 6 février 1934, le Préfet de la Dordogne fait patrouiller la troupe dans Périgueux et veiller aux entrées de la ville, notamment au Pont des Barris qui relie Périgueux à la Cité Bel-Air sans pour autant la faire entrer dans le quartier considéré, finalement, comme calme.

Lors de la manifestation du 12 février suivant, à Périgueux, celles et ceux qui, de la Cité Bel-Air, se rendront au manège d'artillerie où un concert les attend, seront fouillés et pour certains interpellés. Le procès qui suivra occasionnera quelques coups de poing entre «rouges» et gardes mobiles à cheval ou périgourdins identifiés comme fascistes.

Toutefois, les élections municipales de mai 1935 reconduisent Joseph Saint-Martin comme maire de Boulazac. Ce dernier qualifié de *gentleman farmer*, élu depuis 1919, conduisait une liste conservatrice. L'alchimie politique, composée par les socialistes et les radicaux, quelques intérêts strictement locaux et des relations familiales et même claniques surgissant toujours au temps des urnes, s'est imposée.

1935 est une année importante pour le quartier de la Cité Bel-Air. Barnabé, situé en contrebas du quartier est déjà une histoire ancienne et surtout de famille. Au début du XXe siècle, les Périgourdins profitaient des beaux jours pour emprunter le bac reliant Boulazac à Trélissac et plonger depuis ce coin de verdure dans l'eau fraîche de l'Isle avant de boire un verre à la buvette tenue par la famille Trapy. C'est le temps béni des fritures de goujons et du petit vin blanc.

Léopold Foussard est un jeune menuisier corrézien qui s'est exilé à Paris et qui rêve de retrouver le soleil de son pays natal. C'est la mode des guinguettes au bord de l'eau et il imagine en créer une. Le sieur Trapy vient de se noyer et l'affaire est à reprendre. Conseillé par des architectes parisiens, Léopold Foussard conçoit et créé un bâtiment avec sa salle de bal octogonale transformée rapidement en rotonde. Un bar est ouvert.

C'est la véritable naissance de la Guinguette de Barnabé. Une institution et une page d'histoire qui marquera jusqu'à quatre générations de Périgourdins.

1936, l'année du Front populaire, est vécue dans la liesse dans la plupart des familles de la Cité Bel-Air. Pas toujours pour les mêmes raisons. Si les élections législatives sont favorables à la gauche jusque dans le quartier des «péotards», on n'oublie pas la radicalisation des positions qui se ressentent jusque dans les familles. L'entrée de la périgordine Suzanne Lacore au gouvernement n'est pas ce que retiendront le plus du Front Populaire les habitants. Le débat s'ouvrira davantage sur la non intervention de Léon Blum dans la guerre d'Espagne et qui vaudra au chef du gouvernement d'être traité de «traître».

Cette année-là voit la naissance de l'Étoile Sportive Boulazacoise qui portera haut les couleurs du football de la commune. Le siège est à la Cité Bel-Air.

Durant les années trente, la municipalité de Boulazac rachètera des baraquements laissés vacants par les Américains pour les rénover, les moderniser et leur assurer une fonction dans la vie du quartier.

Sous la direction de Joseph Saint-Martin, le départ de la Cité Bel-Air classé sans suite, on ouvrira une salle municipale et une mairie annexe dans l'ancienne infirmerie du camp américain qui appartenait à la famille d'Abbadie. Le quartier se dotera aussi d'un bureau des Postes, télégraphe et téléphone. La création d'une école maternelle intercommunale à la Cité Bel-Air, le long du Boulevard du Petit-Change, près de la voie du chemin de fer, sera un événement majeur de cette période.

En 1939, la mairie annexe deviendra une mairie de pleines compétences. La population de la Cité Bel-Air est désormais de quelque 600 habitants alors que l'ensemble de la commune est de 1 500 habitants.

- ▼ -

De la guerre
à la libération

De la guerre à la libération

L'armistice du 22 juin place Boulazac en zone libre. Le quartier de la Cité Bel-Air est proche des casernes où se replient le 41ème Régiment d'artillerie et le 15ème Régiment de tirailleurs algériens qui seront dissous et laisseront la place au 26ème Régiment d'infanterie autorisé dans le cadre de l'armée d'armistice.

Lors de la déclaration de guerre, en septembre 1939, c'est sans enthousiasme qu'une cinquantaine de mobilisés quittent le quartier. Depuis quelques semaines les relations entre communistes et autres factions sont tendues et même parfois musclées. Il faut dire que deux députés communistes de Dordogne – Paul Loubradou et Gustave Saussot – ont claqué la porte du Parti en opposition au pacte Germano-soviétique du 23 août. Tous deux sont issus des élections du Front Populaire. Et, dans ce quartier rouge les choses sont exaltées. Les rapports des renseignements généraux de l'époque ne manquent pas de signaler quelques personnalités marquantes à surveiller.

De même les rumeurs sur l'arrivée des réfugiés alsaciens et lorrains animent les discussions dans les nombreux bars de la Cité Bel-Air. A la Guinguette de Barnabé l'ambiance est morose et l'été, quoique chaud, n'amène guère les amoureux et les nageurs. On se préoccupe des premières mesures telles que celles concernant l'extinction des lumières la nuit tombée et l'approvisionnement en denrées. Il y a dans les familles une sorte de fatalisme qui exclut les évènements tragiques qui vont survenir et aboutir à l'occupation.

Il faut reconnaître que les conditions d'hygiène de la Cité Bel-Air étaient très en dessous de celles connues par les Alsaciens et Lorrains dans leur région d'origine. Il semble que ce ne sont guère plus cinq ou six familles qui s'installèrent dans le quartier.

La déchéance des députés communistes qui n'ont pas rompu avec le parti, en janvier 1940, est fort mal accueillie dans les maisons de certains militants qui voient la police les interpeller, pour une simple vérification ou quelques heures de détention où ils doivent s'expliquer sur leur sentiment patriotique.

Même si la vie économique reste intense, on attend à tout moment l'arrivée des motocyclistes allemands que l'arrêt des combats, le 24 juin, contient finalement aux entrées nord du département.

Le 29 juin, au petit matin, de longues files de voitures à cocardes tricolores du gouvernement et des ministères quittent Bordeaux pour Clermont-Ferrand. Elles s'égrènent, pour partie, par le boulevard du Petit-Change, à la lisière du quartier de la Cité Bel-Air.

C'est le temps de l'exode et du grand chambardement avec une désorganisation inimaginable des services qui tétanise beaucoup de consciences et désarme bien des ardeurs. Soixante-dix plus tard, les héros résistancialistes disparaissant, les survivants évoquent avant tout le besoin de survivre comme objectif.

En cet été 40, il s'agissait d'avoir des nouvelles de la famille, des combattants, de prévenir les rationnements et de nourrir les enfants, d'organiser son existence, d'attendre aussi que les choses soient plus claires. Si la peur de l'Allemand apparaissait, chacun avait du mal à concevoir leur présence, pas davantage la trahison du vieux maréchal, sans parler que personne n'avait entendu l'appel qui deviendrait célèbre, le 18 juin. Chaque attitude était conditionnée par un écheveau invisible et illisible, un cauchemar en plein soleil, un sauve-qui-peut le plus souvent imprégné d'une générosité étonnante dans ces circonstances. Le terme de résistance était une abstraction, un mot encore vide de sens et encore plus d'action. Il fallait se remettre de ce coup afin qu'il ne soit pas fatal.

En fait, le quartier de la Cité Bel-Air s'enferme dans son périmètre historique, celui du camp américain, et se prépare à soutenir une sorte de siège presque médiéval. En mai 1940, Fernand Serre, pêcheur à Barnabé est nommé carde civique et six mois plus tard on ouvre un atelier de distillation rue des bains, sur le bord de l'Isle. Un marché est autorisé sur la place formant carrefour entre les rues du Maryland, des Américains et Chicago. Il sera organisé deux fois parsemaine, le mtin dès neuf heures. Pour Joseph Saint-Martin, le maire « la Cité Bel-Air éloignée des marchés de Périgueux et de plus en plus peuplée, il y a lieu de prendre des mesures afin que les transactions sur les légumes, fruits, œufs, volailles, lapins ne se fassent clandestinement le long des routes et en dehos de tous contrôles.» Il est vrai que le marché noir était pratiqué par la plupart des gens. avec une grande imagination pour ne pas se faire prendre.

Durant les cinq années de guerre, les Allemands ne pénètreront pas dans ce véritable château fort. Tout au plus, quelques uns franchiront la rue des Bains pour se rendre à la Guinguette de Barnabé qui fonctionnera durant toute la durée des hostilités. Jamais très longtemps. Dés l'automne 1940, dans le boulevard du Petit-Change qui relie Périgueux et Boulazac, entre l'ancien camp américain et les casernes on regardera les allées et venues de la quarantaine d'allemands composant la délégation de la commission d'armistice.

En revanche, la police de Vichy, la milice et ses auxiliaires collaborateurs feront régner une peur généralisée dans toutes les familles dont certaines, rares, s'afficheront serviteurs zélées du pétainisme.

On le sait, la résistance était installée dans les campagnes et s'appuyait dans les villes sur des correspondants fidèles et dont les actions ne devaient pas être apparentes. La Cité Bel-

Air a-t-elle joué ce rôle ? C'est fort probable même si les récits sont encore effacés ou feutrés, une chose est certaine : c'est après le 22 juin 1941 date de l'invasion allemande en URSS que la résistance communiste s'organise, se structure et s'officialise ou s'institutionnalise. Et la Cité Bel-Air est déjà un bastion communiste.

Il n'y aura pas d'évènements majeurs à mettre au crédit de la Résistance dans le quartier tout au long d'une occupation qui n'a jamais été très visible dans les rues. Ici, la résistance est avant tout militante. Elle n'en est pas moins efficace et parfois déterminante pour les soldats de l'ombre qui combattent autant l'occupant que les fascistes de tous poils. On écoute Radio Londres en se méfiant toutefois des voisins dont on ne sait pas toujours de quel côté ils se situent.C'est ce qui pourrait ressortir des rares confidences qui se drapent de modestie pour éviter la lumière.

Pour être honnête, on ne chantait ni «Maréchal nous voilà», ni «l'Internationale».

Les rares pétainistes habitant le quartier, que soixante-dix ans plus tard on ne cite pas, se sont éclipsés dès le mois d'août 1944 pour ne plus revenir. Une page venait de se tourner

Le maire de Boulazac élu en 1914, Joseph Saint Martin, restera en place sous l'État de Vichy jusqu'à la libération, en octobre 1944. Il faut préciser que les maires de ville de moins de 2 000 habitants restaient élus par leur conseil municipal alors que pour les communes 2 000 à 10 000 habitants ils étaient nommés par le Préfet et, pour les villes de plus de 10 000 habitants, le gouvernement désignait directement le maire.

D'octobre 1944 à mai 1945 Jean Worms est nommé maire de Boulazac. Socialiste, élu conseiller municipal en 1935, il deviendra chef des «Mouvements Unis de la Résistance» puis président du Comité départemental de la libération. En novembre 1944, face à une crue centennale qui recouvre une partie de la Cité Bel-Air, Jean Worms s'insurgera devant l'Assemblée consultative : «Ce sont les bas quartiers de la ville qui ont été inondés et, en la circonstance, des ménages d'ouvriers qui ont souffert»,

La élections municipales de 1945, les premières depuis la libération, voient l'élection de Jean Lajoinie qui ouvre l'ère de gestion des communistes sur Boulazac. Le développement et donc le poids électoral de la Cité Bel-Air est décisif dans ce vote. Le long et patient travail engagé dès 1936 dans le quartier par le Parti communiste porte ses fruits auprès d'une population ouvrière qui aspire au changement.

La représentativité du quartier est, aussi, nettement plus marquée et le militantisme social est une des principales forces d'une génération qui s'est inscrite dans la Résistance.

Il est incontestable que l'implantation durable du parti communiste est consécutive à des personnalités fortes, un maillage solidaire puissant, une identité commune partagée auxquels le quartier de la Cité Bel-Air a porté un effet de levier déterminant.

Ainsi, malgré les difficultés de l'après-guerre, on peut dire que la Cité Bel-Air entre dans son âge d'or.

- ▼ -

Les Trente Glorieuses

Les Trente Glorieuses

En ce matin du premier jour de l'année 1946, les rues de la Cité Bel-Air sont encore désertes et muettes. Il a gelé à « pierre fendre » comme on dit dans les familles du quartier. Après six années de guerre, chacun continu à subir difficilement le rationnement et les conditions d'existence sont pires que durant l'occupation. Bien des maisons restent presque sans chauffage et les coupures d'eau ou d'électricité sont encore fréquentes. On est inquiet sur l'augmentation du prix du lait, celles du charbon, de l'électricité et du gaz quand on est raccordé. La vie quotidienne est suspendue sans que le moral des habitants ne soit en berne.

Quelques jours auparavant, pour la Noël, le curé de la paroisse est venu célébrer la messe dans la chapelle construite par les américains en 1917. L'assistance était nombreuse, plus par respect des traditions que par conviction religieuse. Dans les anciens baraquements aménagés en logements il y a peu de sapins ornés et encore moins de crêches. Pour le réveillon, on arrangerait l'ordinaire avec quelques maigres victuailles venues de Champcevinel, de Saint-Pierre-de-Chignac ou du marché de Périgueux. Il y aurait toujours de la musique, des chansons et une friandise pour les enfants.

L'élection de Jean Lajoinie au siège de premier magistrat de la commune de Boulazac, en janvier 1945, avait marqué une rupture avec une représentation plus conservatrice et traduisait le changement d'attitude d'une population laborieuse en quête d'une amélioration de la vie que porte désormais le Parti communiste français. La haute estime dans laquelle étaient entretenus les résistants communistes de la région et les solides personnalités de leurs dirigeants ouvraient une longue période de gestion communale. Quoique officiellement non inscrit au Parti communiste français, Jean Lajoinie permettra d'apaiser les tensions dans une gauche divisée au lendemain de la libération.

Le retour des prisonniers de guerre et des déportés du Service du Travail Obligatoire ne fait pas l'objet de grandes festivités populaires. C'est le temps des glorieux résistants et des « camarades » qui se retrouvent dans les nombreuses associations nées durant l'après-guerre.

Le temps des mutations n'avait pas encore sonné. Avec ses six cents habitants, la Cité Bel-Air n'était déjà plus tout à fait la campagne, mais elle n'était pas encore vraiment une ville ; tout juste un quartier qui tenait encore la dragée haute au vieux bourg qui ne comptait que son église, une école et quelques maisons héritées du siècle passé.

A l'aube, par l'autobus ou le plus souvent à vélo, nombreux étaient les hommes qui se dirigeaient vers les ateliers de la jeune Sncf, à l'autre bout de Périgueux, dans le quartier du Toulon. D'autres se rendaient vers les petites entreprises de confection, d'articles chaussants, des conserveries ou les commerces du centre ville de Périgueux. Suivaient les femmes qui amenaient leurs progénitures à l'école maternelle située à la lisière du camp américain, sur le boulevard du Petit-Change. Quelques maraîchers poursuivaient leurs activités et cédaient progressivement leurs terrains lesquels, rapidement, étaient occupés par des maisons où le béton avaient une place signant une époque de progrès.

Léopold Foussard continuait à exploiter ce qui devenait avec le temps un patrimoine culturel. Le développement du tourisme, dans ces années cinquante, amène l'entrepreneur à ouvrir le premier camping de l'agglomération périgourdine et, aussi, un minigolf où les lieux marquants du Périgord constituent un parcours unique et très prisé. C'est encore le temps des baignades avec le plongeoir et son professeur de natation. La jeunesse s'ébroue dans l'eau, fait du pédalo avant de se ruer sur les premiers flippers, les billards et les tables de ping-pong. La Guinguette est à son apogée. Et puis, il y a ce bac qui relie les deux rives, celle située sur Trélissac et celle située sur Boulazac. C'est un lieu de passage où parfois on attend sa place.

Ces fameuses Trente glorieuses se conjuguent avec l'arrivée, en 1953, de Lucien Dutard qui marquera durablement, et même encore, Boulazac et, naturellement la Cité Bel-Air où il était aussi instituteur. Cet homme affable mais déterminé dans ses convictions cèdera en 1988 sagement sa place à Jacques Auzou avec une rare prémonition sur ce dauphin.

Le visage du quartier de la Cité Bel-Air est à l'image de cette France qui, sortie de la guerre exsangue, se reconstruit avec pugnacité mais aussi veut vivre sa liberté et son progrès qu'elle voit sans limite. En ce temps-là, le monde cheminot, celui des prolétaires, ne peuvent être qu'éternels.

Durant presque toute l'après-guerre, la presse quotidienne locale dominée par *Sud-Ouest* considéré comme proche des radicaux-socialistes, et *La Dordogne Libre* soutien de l'ancien ministre radical Georges Bonnet, ne s'intéressent pas à la Cité Bel-Air et plus largement à Boulazac considérés comme un «bastion rouge». Seule l'Etoile Sportive de Boulazac, l'équipe de football, se voit citée pour ses matchs et quelques assemblées générales.

Dans les années cinquante et soixante, les venues, assez régulières, dans le quartier de Joséphine Baker accompagnant son mari Jo Bouillon qui avait une parente à la Cité Bel-Air ne sont pas évoquées. La chanteuse qui avait acquis en Périgord le Château des Milandes arrivait avec des brassées de bonbons et des cadeaux pour les enfants qui l'attendaient de pied ferme.

Le retour d'Autriche du Vème Dragon dans le quartier Daumesnil tout proche, en 1953, ne verra guère les képis et bérets se frayer un passage vers Barnabé. Ils préfèrent se rendre à Périgueux. On ne s'en offusque guère car on n'est pas franchement militariste et les incorporations des jeunes sont mal vécues. A la Cité Bel-Air on est viscéralement contre les guerres coloniales, celle d'Indochine tout d'abord, puis celles d'Afrique du nord. Si on confectionne des colis pour les pioupious, on manifeste contre ces guerres qui brisent les familles et empêchent les enfants d'entrer dans le monde du travail. Question de principe et d'un culte de la paix qui unit les prolétaires de tous les pays.

En 1956, lorsque le Périgourdin Robert Lacoste deviendra ministre-résident en Algérie on le comparera au général Bugeaud, autre périgourdin qui aurait dit alors qu'il effectuait la colonisation de l'Algérie : «Je brûlerai vos villages et vos moissons.» Et puis, il y avait les rumeurs de tortures qui parvenaient jusque sur les comptoirs de la Cité Bel-Air. Des comptoirs où le Coca-Cola et le Whisky n'étaient pas encore à l'affiche.

En 1954, l'état de délabrement de la mairie annexe de la Cité Bel-Air impose des travaux de rénovation. L'ancien baraquement qui servait d'infirmerie durant la Grande Guerre est, il faut le rappeler, le principal lieu administratif de la commune.

Quatre ans plus tard, c'est l'inauguration du groupe scolaire Joliot-Curie. Jusqu'alors, beaucoup d'enfants du quartier étaient scolarisés à Périgueux ou Trélissac. Pour le premier on s'y rendait à pied, pour le second, par le bac de Barnabé.

A l'initiative du Comité des fêtes, un grand réveillon clôture l'année 1963. La salle des fêtes est bondée et l'ambiance joyeuse.

Tout au long des années soixante-dix, le quartier de la Cité Bel-Air fait l'objet de nombreux travaux qui répondent au développement de l'habitat et de la population : réfection des chaussées et trottoirs, goudronnage des rues, création d'une maison de quartier, d'un square et d'un tennis, rénovation du groupe scolaire Joliot-Curie. Les réseaux d'adduction à l'eau, l'électricité, le gaz et d'assainissement apportent leur progrès et, peu à peu, les vestiges de l'ancien camp hôpital de l'armée américaine disparaissent. Il faut dire que le maire, Lucien Dutard, figure populaire dans sa commune mais aussi bien au-delà, est instituteur au groupe scolaire du quartier et assure des permanences très chargées à la mairie annexe qui est ouverte tous les jours.

La vie associative y est très dense et les réunions se multiplient à ce qui va devenir par la suite la Maison des associations. On a conservé une harmonie bienveillante entre une ruralité vivace et une urbanité pacifiée.

C'est aussi l'âge d'or de la Guinguette de Léopold Foussard, celle de Barnabé, et dont la presse locale se fait le relais.Ainsi en juin 1958, quatre ans après l'ouverture du camping et du mini-golf : «La météo annonce un beau temps et le baromètre a opéré une sérieuse remontée et s'il y a encore quelques légers nuages, la chaleur incite à déplacer le centre de la ville pour la piscine ou les bords accueillants de l'Isle.

La plage de Barnabé a ses fidèles habitués auxquels s'ajoutent les campeurs installés sur le terrain voisin. Pour les enfants, le petit bain, facilement accessible, offre les plaisirs de baignades sans danger ; pour les grands, la rivière est là, les plongeoirs aussi. Si vous dédaignez la natation, les joies du canotage ou celles des calmes promenades en pédalo vous sont dispensées largement.Et si les activités nautiques ne vous tentent pas, il vous est parfaitement loisible de disputer une partie de ping-pong ou de mettre votre adresse à l'épreuve dans un parcours de golf miniature.» Le journaliste, un certain Jacques Lagrange, plus tard maire-adjoint de Périgueux, de signer ainsi la photo : «D'une rive à l'autre, le bac va et vient, un bac qui vous a un petit air vénitien romantique.»

Au milieu des années soixante, au début de l'été, c'est le traditionnel article sur Barnabé ou les plaisirs de l'été. Comme il est indiqué : «tout le monde n'a pas la chance de rôtir sur les plages de l'Atlantique ou sur les galets de la Méditerrannée. mais, pour les jeunes condamnés à passer la plus grande partie de leurs vacances à Périgueux, il y a tout de même quelques compensations. C'est la piscine, prise d'assaut par les jours de grande chaleur ; c'est Barnabé, oasis de fraîcheur relative. On plonge, on nage, on canote, on sirote tout doucement un demi ou un citron pressé, et les jours d'été s'écoulent... Et c'est encore les jours de vacances.»

Ou encore : «A la sortie de la ville, avec sa terrasse ombragée, ses bains, ses jeux, Barnabé est volontiers un lieu de rendez-vous pour les Périgourdins recherchant l'oasis de fraîcheur. Le fait d'y accéder par la nationale 21 procure le plaisir de traverser l'Isle sur l'agréable petit bateau. On y vient cependant plus volontiers par le boulevard du Pétit-Change. Un important effort de modernisation a été fait au fil des années et le coin est devenu charmant. Il y a assez d'eau cette année pour que le barrage apporte une certaine fraîcheur et sous les arbres, il fait bon respirer.»

Les pompiers de Périgueux viennent régulièrement s'y entraîner et prolonger avec quelques «canons» chez «Monsieur Léopold.»

L'Etoile Sportive de Boulazac est régulièrement citée par la presse locale. C'est dans la salle municipale de la Cité Bel-Air que l'association organise son traditionnel bal au profit des oeuvres sociales. Les activités sportives se multiplient et, en 1960, en prologue de la finale nationale qui aura lieu à Vincennes, le quartier accueille le cross éliminatoire au stade Jules Dubois.

La même année, après une interruption de trois semaines due au «gel et aux grippes», «les agréables veillées du centre d'information ménagère» reprennent. Ce mercredi 3 février, à 20 h 30, c'est le docteur Deguiral qui vient «causer» sur l'alcoolisme. Le centre d'information ménagère de l'Amicale laïque de la Coté Bel-Air s'adresse aux femmes. Avec les meilleures intentions du monde, il entretient une image de la femme bien éloignée du féminisme et du planning familial pour lesquels les débats sont loin d'être clos dans la cellule communiste du quartier et, bien entendu, chez les quelques ouailles de monsieur le curé. La professeur - sans e - Sylvie Tessier a programmé aussi bien la pâte à choux que le puits d'amour ou les profiterolles et les rudiments de la couture familiale.

En 1961, la vie locale est très importante à la mairie annexe qui accueille aussi les séances de vaccinations anti-poliomyélitiques assurées par le docteur Duverger. Ce dernier assure aussi des conférences au centre d'informations ménagères ; une sur la «terrible maladie qu'est le cancer» a été suivie par une quarantaine de Boulazacois. Des cours de cuisine sont proposés naturellement à «ces dames» ; au menu : un poisson et un Saint-Honoré. EDF viendra parler du gaz de Lacq et des bonnes pratiques des ménagères. On sensiblise déjà les habitants à ne pas jeter des détritus soit aux abords de l'Isle, soit dans l'Isle ; et de dire : «des centaines de gens risquent de souffrir de cette pollution.» Peu après, la mairie s'insurge contre des camions qui ont été vus de nuit apportant clandestinement des détritus de tous ordre au bas du quartier, le long de l'Isle : «de telles pratiques, si elles se renouvellent, ne manqueraient pas d'attiruer à leurs auteurs les rigueurs de la loi.»

C'est une époque où l'on invite les propriétaires d'immeubles du «lotissement défectueux de la Cité Bel-Air» à faire le branchement à l'égout dans les meilleures conditions.

Quelques jours plus tard, le quartier est frappé par la disparition de Madame Garreau, une septuagénaire de Barnabé qui dans tombe dans l'Isle et se noie. C'est le journal Sud-Ouest qui relate les faits : « Dans la soirée de vendredi, Mme Emilie Garreau, épouse Vèze, âgée de 73 ans, demeurant à Barnabé, sortit de son domicile pour se rendre à l'épicerie. Ne la voyant pas revenir, son entourage se mit à sa recherche, mais sans résultat. Samedi matin, vers 11h 30, des jeunes gens effectuant une promenade en bateau aperçurent un corps flottant au fil de l'eau. Il s'agissait de celui de Mme Garreau. Peu après, les pompiers, alertés, le retiraient de l'eau. Le docteur qui l'examina ne releva aucune trace suspecte, mais la pauvre femme avait dû être immédiatement saisie par la congestion, car elle n'avait pas bu d'eau. C'est d'ailleurs pourquoi le corps flottait, les poumons étant remplis d'air. Le docteur a conclu à un accident.»

Quelques semaines plus tard, la presse évoque un «acte de probité» à la Cité Bel-Air : «Le 7 mai, Yves Thomas, demeurant rue du Maryland, cité Bel-Air, a trouvé, sur le boulevard du Petit-Change une montre-bracelet de dame qu'il s'est empressé de remettre à la mairie de Boulazac. Lundi 9, la propriétaire de la montre, Mme Kouri, professeur au cours complémentaire de Saint-Georges, rentrait en possession du précieux objet.»

Les cambriolages sont extrêmement rares et celui relaté dans la Dordogne Libre de juillet 1964 mérite d'être relevé « Un ou plusieurs inconnus ont pénétré, après avoir brisé un carreau, dans le magasin de l'"épicerie Debrieux, où le tiroir-caisse a été soulagé de 30 francs. La police enquête.»

Puis, c'est Jean-Claude Delaugeas, futur secrétaire départemental de la CGT qui, se rendant à son mariage en scooter avec sa promise entra en collision avec un boucher, à l'angle du Boulevard du Petit-Change et de la rue des Alsaciens. Hospitalisés, les «deux gentils fiancés» verront, quelques heures plus tard, leur chambre fleurie et maire et curé débarquer pour célébrer enfin leur mariage. Le marié déclarera : « Notre mariage a été vraiment mémorable.»

La mise en activité d'une nouvelle station d'épuration va contribuer à une meilleure hygiène dans le quartier dont la population continue de progresser. Lors de sa construction la presse parle du «vieux lotissement de la cité Bel-Air» dont les «rues sont en très mauvais état»

On salue aussi, en 1921,»un nouveau bar moderne» : le Pénalty». Il sera le rendez-vous des footballeurs de l'E.S. Boulazac et d'autres clubs, s'ils le veulent bien.On dit le bar «moderne et fort accueillant».

C'est l'époque où M.Subrenat, rue du Canada, demande aux membres de l'E.S. Boulazac d'être présents à l'assemblée générale qui aura lieu à la salle municipale de la Cité Bel-Air. Quelques jours plus tard, le journaliste, relatant l'évènement parle «d'une pléiade de jeunes très intéressés.»

L'E.S. de Boulazac, dans ces années soixante, lors de la grande fête du quartier élit la reine et les dauphines du quartier sous les applaudissements et les félicitations de plus de deux cents participants. L'animation musicale est assurée par l'orchestre de de Gaby Appolon. On dansera jusqu'au petit matin et on parle «d'une grande boum à la Cité Bel-Air».

La grande fête qui se tient en juin est un évènement majeur auquel les habitants s'associent activement. Il y a les manèges, les loteries et les tirs, la fanfare de la Batterie Toulonnaise avec ses majorettes colorées, les bals, de jour et de nuit sous le chapiteau Eldorado et les formations dansantes du moment. Un service de car est prévu, de la place Bugeaud à la Cité Bel-Air pour amener les visiteurs. Et, il y a, le lundi soir, en clôture, le feu d'artifice qui ne peut être que grand. Et, sans oublier, les incontournables tournois de pétanque dignes de Marcel Pagnol.

Certaines années, on effectue un lâchage de ballons, jusqu'à trois cents qui donnent lieu à des remises de prix pour ceux qui peuvent les ramener. En 1965, remettant les prix, René Delamare, le président du comité des fêtes s'exclamera : « Eh bien cette fois le vent venait de Toulouse...»

A la Noël, c'est le traditionnel goûter offert par la municipalité et préparé par les «maîtresses» avec ses gâteaux, brioches, mandarines et friandises. A Mardi-Gras, c'est l'Amicale laïque qui fait défiler les élèves du groupe scolaire dans les rues du quartier ; les personnages géants ne seront pas détruits par le feu mais à coups de boules de papier ce qui fait dire à Mme Faure, l'animatrice, «que c'est beaucoup plus drôle». Les mamans se font un point d'honneur à venir applaudir leurs chérubins.

En 1965, en janvier, c'est une figure du monde occitan qui vient à la Cité Bel-Air : Marcel Fournier. Il prononcera une causerie devant une centaines de personnes et présentera deux comédies en «patois» : La lenguo de Suzilho et La Fenno mudo.

En cette année 1964, la municipalité décide de donner le nom du Président John Fitzgerald Kennedy à l'une des rues de la commune ; ce sera naturellement dans le quartier de la Cité Bel-Air ; la rue des américains prendra le nom de l'ancien président.

L'année 1968 s'ouvre pluvieuse et, en dépit des bourrasques et de la froidure, les huîtres et le foie gras pas forcément au menu, la Cité Bel-Air fête à sa façon le nouvel an.

Trois élève de l'école de la Cité Bel-Air - Agnès Boissart, Bernard Philot et Bernard Sagnes - ont été consacrés meilleurs vendeurs de la Jeunesse au plein air. Ils reçoivent chacun un appareil photographique.

Personne ne soupçonne les évènements qui vont débuter en avril à Paris, puis s'étendront à toute la France.

La Cité Bel-Air mettra, comme dans tout le reste de la France, un peu de temps à apprécier la révolte étudiante qui secoue la capitale. Celle-ci n'est pas forcément comprise par une population qui considère que l'exil débute à la sortie des limites de l'ancien camp américain et de la Guinguette de Barnabé. «Aller en ville», c'est-à-dire à Périgueux, est encore une expédition. Peu de jeunes fréquentent l'université, que ce soit à Bordeaux ou à Limoges. Le monde étudiant en mutation et explosion est encore éloigné de celui des «travailleurs».

C'est encore, une fois de plus, avec les anciens ateliers du PO devenus la SNCF que le quartier va entamer son «Mai 68». On ira quand même manifester sur les boulevards de Périgueux avec le drapeau rouge, le plus souvent en famille. Les rencontres avec les Gaullistes sont parfois musclées. Dans les anciens baraquements américains on se méfie d'un voisin un peu trop à droite. Les évènements achevés, les élections conclues, on partagera quand même le fruit de la vigne faute d'avoir bousculé ensemble le cerisier de la fin du printemps.

Cette année-là, dans la nuit du 30 au 31 août, le château de Hautefort est victime d'un incendie qui émeut toute la France. Des collectes sont organisées, notamment dans les écoles. A la Cité Bel-Air, on se sent assez peu concerné par ce château et cette Baronne de Bastard qui voudrait que les pauvres lui sauvent son patrimoine. On préfère se pencher sur ceux que l'on appelle encore les «vieux et les nécessiteux» et sur les grévistes du printemps qui n'ont pas touché l'intégralité de leur paie.

Le samedi 4 octobre 1969, la plupart des familles du quartier sont réunies, chez l'un ou chez l'autre, autour du petit écran encore en noir et blanc. La télévision est encore un luxe qui n'est pas encore dans tout les foyers et reste un moyen de sociabilisation. On a même organisé des rencontres dans quelques estaminets autour d'un verre ou d'un demi. C'est que l'évènement est de taille et il a marqué les mémoires des habitants.

C'est la première semaine du télé-film *Jacquou le Croquant* réalisé par Stellio Lorenzi. Son appartenance au Parti communiste français marque de son empreinte des œuvres télévisuelles, comme *La Charrue et les étoiles* de Seán O'Casey, qui met en scène les Pâques sanglantes de Dublin en 1916, vécues par des prolétaires. Et puis, on attend de voir les images prises à Périgueux et dans le Périgord deux ans auparavant.

Durant quatre semaines, chaque semaine, il est inutile d'organiser quoique ce soit. Les cinémas de Périgueux sont vidés de leur spectateurs habituels. Certains achèteront «à tempérament» leur premier «poste». C'est que le « Jacquou » symbolise avant l'heure les combats des pauvres face aux nantis. D'ailleurs, le journal du Parti communiste départemental ne s'appelle-t-il pas «La Voix de Jacquou» ? L'instituteur Lucien Dutard, le maire de la commune, appelle à regarder et débattre sur cette histoire qui doit en appeler d'autres.

Le 15 juin 1970, c'est l'inauguration de l'imprimerie des timbres postes, par Yves Guéna, à l'époque Ministre des Postes et Télécommunication. Quoique installée sur la commune de Boulazac, la plupart des huit cents employés seront logés à Périgueux et La Cité Bel-Air ne verra que le passage des autobus qui transportent ceux-ci entre Boulazac et Périgueux.

Le quartier de la Cité Bel-Air ne voit pas qu'il est entré dans une lente et imperceptible métamorphose. On parle de moins en moins le «patois» et les *milladious* - juron qui se rapproche des «mille dieux» - sonnent presque plus et les rues se font moins silencieuses ; les cyclomoteurs et les *velosolex* après avoir détrôné le vélo à pédale se voient chahutés par les voitures. Si les naissances se déroulent à la maternité de Périgueux, les décès se font encore à domicile et les voisins viennent encore entourer pour la veillée le mort. L'épicier a encore son crayon ou *bic* derrière l'oreille et note sur le carnet les dépenses de la ménagère qui règlera le tout à la fin du mois, lorsque le salaire sera encaissé.

Durant ces Trente glorieuses, le quartier possède pas moins d'une quinzaine de cafés et bars, souvent épicerie ; des entreprises de petites tailles font vivre une centaine de familles, de la fabrique de Jokari, à l'eau de Javel, en passant par une de sièges de cinémas, on trouve tous les corps de métiers.

Les «pétoards» commencent à prendre leur retraite et les enfants s'expatrient pour leurs études et, après un travail encore accessible.

Sur le Boulevard du Petit-Change, le Moulin rouge qui a attiré aux séances de cinémas des dizaines de spectateurs émerveillés autant par Fernandel que Gene Kelly et, plus tard, Marlon Brando et Jean Gabin, commençe à s'essoufler, les entreprises ferment et les commerces baissent leur devanture.

On ne le sait pas encore, mais tout ce petit monde va être entraîné dans une mutation irrésistible. On oublie l'ancien camp américain, des baraquements et vestiges sont détruits pour céder à des maisons plus modernes.

- ▼ -

D’un siècle à l’autre

D'un siècle à l'autre

La fin des années soixante-dix est marquée par une sorte de parenthèses sur un mouvement que l'on croit immuable. Il y a encore la fête foraine avec ses traditionnels manèges, en octobre ; tout le monde se presse sur les trottoirs des rues de la Cité Bel-Air pour applaudir les prouesses des cyclistes qui viennent quérir quelques gloires. Forte de sa centaine d'adhérents, l'Etoile Sportive de Boulazac occupe le stade Jules Dubois ; avec son école de football, le mercredi après-midi, et les matchs, à domicile le dimanche, l'association est régulièrement citée dans la presse locale. L'Amicale laïque de la Cité Bel-Air ouvre un club-photo dans la maison des associations. Dés 1975, avec sa cinquantaine d'adhérents, le club sourire fait ses premiers pas ; bientôt ils seront une centaine.

Mais, les premières fermetures de commerces frappent le quartier sans que pour autant on mesure que c'est la fin d'une époque. Et la baignade est interdite dans l'Isle, ce qui accompagne les prémices d'une désaffection de la guinguette au profit des *nigth clubs* qui s'ouvrent par ailleurs. Dans le bulletin municipal de la commune on peut lire ceci : «C'est presque demain qu'on ne s'y trompe pas ! Cet endroit de détente et de loisirs au bord de l'Isle est une grande dame qui ne porte pas son âge, son bac (3ème pont de Périgueux s'il en est) et ses plongeoirs ; lesquels plongeoirs d'ailleurs, vont peut-êre reprendre du service : à Boulazac, on évoque sérieusement ce temps où les eaux assainies par une nouvelle station d'épuration seront à nouveau baignables. Monsieur Foussard, le propréiétaire, n'a jamais perdu espoir : plonger dans l'Isle à Barnabé, c'est pour demain...»

C'est Jacques Auzou qui, à l'automne 1995, remettra à Jean Foussard la médaille du tourisme. Cette année-là, le maire de Boulazac avait salué Jean et Odette Foussard qui «contribuent au rayonnement de Boulazac.»

Le journal municipal reprendra : «Malgré les évolutions des goûts, ce site bucolique reste le point incontournable de détente au niveau de toute l'agglomération et bien au-delà (...) C'est encore un camping qui, durant la pérode estivale reçoit tous les ans quelque cinquante mille visiteurs. Enfin, Barnabé est en train de devenir, avec le concours de l'association Label Jazz et celui de la Ville, un des hauts lieux musicaux du Périgord, grâce notamment à une programmation hivernale et printanière de qualité.»

Lorsque Lucien Dutard maire de Boulazac, entame le projet de création d'un centre-ville, nous sommes en 1983. Il s'agit, pour lui, de «concrétiser une vaste réflexion de développement urbain afin de donner à Boulazac une identité et un centre ville.» Dans le quartier de la Cité Bel-Air, les habitants sont dubitatifs et ne mesurent pas l'enjeu de territoire qui est ainsi posé. Au fond, ils ne croient pas à ce projet.

Devenu maire, naturellement, Jacques Auzou engage les études et invite les Boulazacois, en novembre 1984, à participer au choix de l'emplacement du futur centre-ville. La conclusion est sans appel : « 2 043 habitants ont répondu présents et plébiscitent le site de Lesparat «Le triangle» à 66,33%. ,% des participants ont souhaité la création d'un ensemble hôtel de ville et équipements culturels et 31,53% désiraient qu'ils soient complétés par des équipements commerciaux.

Ce choix est entériné par délibération du Conseil municipal le 31 décembre 1984.

Les habitants de la Cité Bel-Air sont sous le choc : que vont-ils devenir ? Les rumeurs se propagent et le maire de Boulazac doit faire preuve de pédagogie afin de rassurer les familles qui s'imaginent déjà abandonnées. Celles-ci sont rassurées... en partie. Jacques Auzou n'aura de cesse de porter une attention particulière à ce quartier tout au long des années futures.

En 1987, on inaugure le complexe Agora et Hôtel de Ville, avec le centre culturel et de congrès. Deux ans plus tard, les 18 premières familles aménagent et en 1990 sont inaugurés la chapelle et le bureau de poste de l'Agora. La traditionnelle fête foraine de la Cité Bel-Air s'installe à...l'Agora.

A la rentrée 1990, selon le journal municipal : «nos sympathiques boulangers pâtissiers «Dumas Frères» ont quitté leur boulangerie située rue de Chicago pour rejoindre le superbe et moderne local jouxtant la pharmacie Thierry Cipierre.»

En 1992, le stade Jules Dubois est entièrement rénové et bénéficie d'une scarification de la pelouse. Ce sont pas moins de 25 tonnes de terre végétale et 25 tonnes de sable qui sont apportés pour assurer la mise à niveau. Michel Buriez, le président de l'Etoile Sportive de Boulazac félicite la municipalité tandis que l'équipe vole de victoire en victoire.

L'école Joliot Curie, cette année-là, ouvre une salle de restauration supplémentaire, signe d'une fréquentation en hausse. Le revêtement des cours est rénové et colorisé en collaboration avec les enseignants.

L'arrivé du premier point de collecte du verre, rue des Alsaciens, entraîne quelques grognements des riverains bien vite dissipés.

La chapelle de la Cité Bel-Air, construite par les Américains, fait l'objet d'une convention entre l'Evêché et la municipalité. Il s'agit de rénover les abords de ce lieu de culte dont l'Evêché assure la gestion et l'entretien alors que la municipalité en est propriétaire. Si cette dernière souligne que «la chapelle est un lieu de rencontres et de prières» on ne peut que constater la désaffection progressive du lieu.

A la demande des habitants de la Cité Bel-Air, en 1993, l'éclairage public est entièrement refait : « des lampadaires modernes et fonctionnels vont remplacer un système qui a fait son temps...» selon le maire Jacques Auzou.

En aout 1999 disparait une des figures du quartier de la Cité Bel-Air, Jean Pinet. C'est en 1953 qu'il s'était installé rue du Luxembourg. Elu conseiller municipal en 1959, puis adjoint de Lucien Dutard de 1965 à 1989, Jean Pinet était resté président d'honneur du Comité des fêtes, association qu'il avait dirigée de longues années.

En 2002, Jacques Auzou l'annonce : «La Cité Bel-Air bouge et le quartier est en mouvement.»

Coté voirie, le maire de la commune annonce pêle-mêle un programme de revêtement de chaussée de la rue de la Somme à la rue du Canada, passant par les rues de la Lousiane et Edison mais aussi des rues Kennedy et des Bains. Un calibrage et réfection de la rue des Loisirs, un stationnement paysager et un cheminement piétonnier sont prévus. Sans oublier le revêtement des rues Gérard Philipe, rue des Jardiniers, chemin de Bauchaud.

Cette même année, des travaux d'assainissement et d'amélioration de la distribution de l'eau ainsi que des travaux de voirie sont programmés .

Entre 2003 et 2005 ce sera l'ensemble de la voirie de la Cité Bel-Air qui retrouvera une fraîche jeunesse.

Côté bâtiments, c'est le même élan qui est engagé.

La municipalité décide de démolir une maison située place de la Chapelle afin d'aménager un parking paysager. D'importants travaux sont effectués à l'école Joliot Curie : création d'un centre multimédia, insonorisation, chauffage, sécurisation des extérieurs.

C'est en 2003 que En 2005, suite à la fermeture du dépôt de presse, rue de Chicago, le bâtiment construit en 1917 est démoli pour être remplacé par une résidence de 16 logements.

A côté, rue de la Somme ce sont 7 logements qui voient le jour. Puis, rue Jean Pompier, ce seront 8 logements construits par l'Office départemental des HLM qui seront mis à disposition.

Près du groupe scolaire Joliot Curie, une Maison sociale sera aménagée afin d'accueillir les Restos du coeur - au 35 rue John Kennedy - et des locaux «d'urgence» pour accueillir une famille «désemparée» et des locaux dédiés à l'association Mosaïque pour les activités périscolaires.

Lorsque, en 2005, la municipalité propose un nouveau plan de circulation dans le quartier de la Cité Bel-Air, elle subit la fronde des habitants qui s'opposent à la mise en sens unique sur la portion de la rue John Kennedy entre la rue de la Somme et de la rue des Belges. Quelques franches explications passées, la municipalité se range à l'avis des habitants.

En 2007, constatant un profond vieillissement des réseaux du quartier, la municipalité engage des études avec les opérateurs. Certains réseaux datent du début des années 30. Il s'agit de mettre en place un plan concerté pour remettre à neuf les réseaux extérieurs et souterrains qui en avaient grandement besoin.

Les habitants de la Cité Bel-Air sont associés. Les travaux seront entamés dès l'année suivante. Au printemps de 2009, dans le journal municipal on peut lire ceci : «Un nouveau plan de circulation a été élaboré suite à la réalisation d'une étude sur la circulation et le stationnement et une étude sur le gaz a révélé la présence sur certains secteurs de tuyaux en cuivre non conformes. Une étude sur les réseaux électriques et de communication a permis de mettre en place une programmation de leur enfouissement. Enfin, une étude spécifique sur l'eau et l'assainissement va servir de base à de sérieuses améliorations des équipements et des services. Pour l'eau potable, l'objectif est de regrouper l'ensemble des foyers sous la responsabilité du fermier principal de la commune (Véolia) par la réfection de toutes les canalisations, y compris celles de la défense incendie. En ce qui concerne l'assanissement, l'objectif est de récupérer les effluents au niveau de Barnabé et des renvoyer en réseau séparatif sur la station d'épuration de la Ville.

La phase de travaux a débuté par le groupe scolaire. Le gaz étant maintenant terminé, la réfection du reste des réseaux sur ce secteur va se dérouler en 2 phases sur 2009 ; rue Kennedy et place de la Chapelle puis la rue des Loisirs. Parallèlement, les travaux de gaz sont en cours sur les rues du Luxembourg, des Hollandais et des Belges puis continueront de Barnabé jusqu'au Boulevard. Fin 2009, toutes les canalisations gaz repérées comme vétustes seront refaites. A la suite, les autres réseaux seront renovés par tranches opérationnelles de 4 à 5 ans. Du côté du stade Jules Dubois, une réorganisation de l'agencement des espaces va améliorer les conditions d'accueil des usagers du site et des adhérents des clubs de football et de tennis.»

Comme il s'y était engagé à l'heure où les familles de la Cité Bel-Air se crurent abandonnées, Jacques Auzou n'a de cesse de réhabiliter, rénover et améliorer la vie quotidienne de ses ouailles.

Le commerce du quartier qui, tout au long des trois dernières decennies est devenue une peau de chagrin, avec l'appui de la municipalité, reprend vie, notamment en haut du quartier, le long du boulevard du Petit-Change. Une épicerie solidaire verra le jour. La boulangerie Chateau, fermée en 2013, sera reprise par Daniel Texeira, un Palois qui ouvrira la « Boulangerie du Fournil ». Une pharmacie et un espace Santé feront l'objet d'une attention particulière. La famille Methout entretient depuis une trentaine d'années une imprimerie dans l'ancien camp américain, rue Edison. A côté, en 2016, c'est Julien Trigaud qui ouvre une entreprise spécialisée dans les domaines de l'alarme, de l'automatisme, de la domotique et de l'électricité. Le garage de Jean Didier, rue du pavillon est toujours en activité. Sur le boulevard du Petit-Change qui marque la limite de l'ancien camp américain quelques boutiques subsistent. La boutique de Madame Quynh Thonat, avec ses plats préparés et son service traiteur concède une note exotique, orientale qui ne déplait pas aux anciens plutôt soignés au confit de canard et aux cèpes des bois alentour.

En 2008, alors que la Guinguette de Barnabé se voit décerner le Label Patrimoine du XXe siècle par le Ministère de la communication pour son intérêt architectural, en tant que témoin de l'évolution technique que traduit l'utilisation, pour la première fois, du béton armé, mais aussi pour sa dimension sociale, économique et culturelle. Jacques Auzou s'exclame : «Tout le monde ne le sait pas, mais la guinguette de Barnabé fait partie du patrimoine historique de Boulazac.»

Cette année-là, les habitants de la rue de la Somme, dans le quartier de la Cité Bel-Air organise la première fête des voisins. Et, le pharmacien, Thierry Cipierre cède à M. et Madame Rousseau, puis arrivera le complexe médical, à l'initiative de la municipalité, propriétaire des murs.

L'enfant du quartier, le cycliste Didier Virvaleix, se rend à Concord, en Caroline du Nord (USA) pour disputer et remporter le titre de champion du monde de Duathlon Vétéran. Une gloire pour la Cité Bel-Air qui bombe le torse.

Comme le dit Jacques Auzou dans le bulletin municipal : « Il faudra s'y habituer, la Cité Bel-Air devient une habituée de ces pages.» et de poursuivre : «Merci encore aux riverains pour leur grande patience face aux inévitables perturbations.»

Le maire sait de quoi il parle puisque, de 2010 à 2017, le quartier de la Cité Bel-Air bénéficie d'incessants travaux de voirie, d'assainissement, de réfection des réseaux d'électricité, de téléphone et d'éclairage public. Si la population affronte avec sérénité les désagréments liés aux travaux, certains comparent le quartier à Verdun... Mais tout le monde reconnaît que le quartier doit en tirer le meilleur parti.

La Cité Bel-Air poursuit son développement et accueille de plus en plus de jeunes. La municipalité en est consciente et entend par ses travaux améliorer l'accueil de ses nouveaux arrivants. La rénovation du stade Jules Dubois et la construction d'un bâtiment à vocation commerciale et pouvant acueillir des activités médicales et paramédicales, boulevard du Petit-Change répondent à cette volonté.

C'est à cette époque que, suite à l'organisation d'un vide-grenier dans la rue des Bains, plusieurs familles du quartier décident de créer une association. Ce sera «Les Amis de Barnabé».Pour se dire «bonjour» rappelle le Président Francis Desage. En 2016, quatre années passées, ce sont 90 familles qui contribuent à tisser et développer des liens de sociabilité qui menaçaient de disparaitre. Pour Fancis Desage : «dans un quartier qui compte 650 boîtes aux lettres, nous représentons les valeurs de solidarité et les gens circulent désormais volontiers à pied, comme le faisaient nos anciens. Des voisins qui ne se parlaient plus que par huissier interposé se retouvent maintenant pour l'apéro.»

En 2014, presque soixante-dix ans après sa création par son grand-père, «monsieur Léopold», Eric Foussard décide d'arrêter la fameuse Guinguette dite de Barnabé. Le déclin entamé dés les années quatre-vingt dans l'exploitation, la lassitude de son propriétaire auraient pu sonner la fin de ce lieu mythique. C'est un séisme dans tout le quartier et même dans les communes environnantes où chacun a, plus ou moins, un souvenir de jeunesse fixé entre la rivière et la rotonde, la terrasse, les pergolas, balustres, les jardins et le mini-golf.

La municipalité de Boulazac s'empare de l'affaire qu'elle considère comme un atout majeur dans l'attractivité de la commune. Jacques Auzou, maire, engage des négociations et des études en vue de racheter l'ensemble. Il est clair que la Ville de Boulazac veut maintenir et développer la vocation et culturelle de la Guinguette de Barnabé. L'acquisition est faite en août 2014. Immédiatement il est procédé à un appel à projets.

Début 2015, trois gestionnaires sont retenus : David Godard (DG Néon), Michel Lavaud (Egap) et Sébastien Vidal (BTP Vidal), tous trois sont entrepreneurs sur Boulazac.

Une véritable cure de jouvence est menée par un architecte, Philippe Pebayle. Déjà, son père fréquentait assidûment les lieux en 1952 et son épouse a, étonnamment, vécu rue du Gué-de-Barnabé. Philippe Grandou, autre architecte retenu dans cette vaste opération, a usé ses fonds de culotte dans ces lieux où l'histoire est à fleur de pierre et de béton.

L'été 2017 est la saison de l'ouverture de ce lieu magique que le maire de la commune nomme avec emphase et enthousiasme «la cathédrale de Boulazac».

C'est aussi un quartier entièrement remodelé et rénové, avec de pimpantes rues au visage moderne qui se dévoile après trois années de travaux.

Et puis, c'est l'année du centenaire de l'arrivée des Américains sur le petit plateau dont nous connaissons désormais quelques histoires. Les mémoires ne s'éteignent jamais véritablement et totalement, les récits se transmettent et se prolongent sous forme de légendes et de mythes. C'est, peut-être déjà, le cas avec ce petit bout de France, cette «Gare de Perpignan» si chère à Salvador Dali.

A l'heure d'un immense chambardement planétaire, dans leur fraîcheur séculaire et presque naturelle, les anciens baraquements de 1917 devenus des légendes, la Guinguette de Barnabé entrée dans le panthéon des mythes, nous invitent à partager une ode au petit bonheur simple, intime et universel que seuls les poètes chantent comme une ultime résistance à la folie d'une modernité défiant toujours l'humanité.

Lorsque, au printemps de 2017, à l'invitation des Amis de Barnabé et de la municipalité de Boulazac-Isle-Manoire, Daniel E. Hall, consul des Etats-Unis à Bordeaux se rend à Boulazac-Isle-Manoire, c'est au quartier de la Cité Bel-Air et aux *Sammies* de la Grande Guerre qu'il pense. C'est une première depuis un siècle. Sa surprise et son émotion seront grandes lorsqu'il découvrira les rues et leurs alignements de petites maisons, témoignages du séjour des américains. Il écoutera, tout aussi ému, l'histoire des lieux et évoquera l'engagement de son grand-père, originaire du Texas, venu défendre la Liberté, en Europe, en France, il y a un siècle.

A l'été, il honorera par sa présence l'inauguration d'une stèle à la mémoire des *sammies,* lors du centenaire du quartier de la Cité Bel-Air.

Si nous avons utilisé l'encre violette et le crayon Caran d'Ache pour dessiner un passé pas si lointain, si dans les témoignages nous avons déroulé les tables de multiplication de mémoires rougies et assagies par leur destin, c'est en observant le ciel et ce futur avec lesquels le quartier de la Cité Bel-Air, d'une certaine façon, est une parcelle d'une France éternelle.

On doit se promener dans ce Jardin d'Eden avec les yeux d'Elsa dont la profondeur nous fait perdre la mémoire et où la larme et le sourire ne font qu'un. Tout autant, pourrions-nous chanter avec les oiseaux, comme Jean Ferrat : «Au bout de mon âge qu'aurai-je trouvé, vivre est un village où j'ai mal rêvé.»

- ▼ -

La Cité Bel-Air avant l'arrivée des américains

Camp américain en 1917. Vue générale

Camp américain en 1917. Vue générale

Camp américain en 1917. Baraquement des infirmières et mess

Camp américain en 1917. Bâtiment comportant la salle d'opération et le laboratoire

Camp américain en 1917. Bâtiment d'accueil

Camp américain en 1917. Les réservoirs d'eau

Camp américain en 1917. Centrale électrique et chaufferie

Camp américain en 1917. Rue principale d'accès

Camp américain en 1917. Une des rues

Camp américain en 1917. Vue générale

Camp américain en 1917. Vue générale

Camp américain en 1917. Vue générale prise de Trélissac

Camp américain en 1917. Embranchement de voie ferroviaire

Camp américain en 1917. Entrepot de vivres. Déchargement de quartiers de viande

Camp américain en 1917. Usine électrique

Portraits et témoignages

Jacques Auzou avec Odette et Eric Foussard, devant le célèbre portique du bac de Barnabé qui reliait les deux rives de l'Isle et qui permettait l'accès à la guinguette

Jacques Auzou

C'est à la Cité Bel-Air, en 1983, que Jacques Auzou, tout juste élu conseiller municipal de Boulazac, décidait d'installler ses parents, Amabile et Roger, venus de Marmande vivre près de leur fils. Le futur maire profitait de ses venues quotidiennes à la mairie annexe pour leur rendre visite. C'est aussi « Chez Simone », en face, qu'avec Lucien Dutard, le maire, et son adjoint Jean Pinet, il se rendait pour le traditionnel « apéro ».

Si Jacques Auzou n'a jamais habité le quartier de la Cité Bel-Air, l'élu a tissé avec les rues rectilignes et les anciens baraquements des liens solides. Lorsqu'il est arrivé en Périgord, en 1977, c'est chez Lucien Dutard, à la fédération du Parti communiste de la Dordogne, qu'il vient se présenter. Immédiatement, le maire de Boulazac qui est un des ténors communistes du département voit en ce jeune percepteur un talent prometteur et le recrute pour son secrétariat, notamment en matière fiscale. Jacques Auzou excellera dans son militantisme et donnera les plus grandes satisfactions à son mentor.

C'est en 1983 qu'il est élu conseiller municipal de Boulazac, sur la liste de Lucien Dutard. Huit jours passés, le premier magistrat demande à Jacques Auzou de prendre une délégation générale qui l'amène au siège de premier adjoint. Puis, cinq ans plus tard, le voici propulsé maire, à la demande de Lucien Dutard, un an avant les élections municipales qu'il enlèvera haut la main.

C'est bien Lucien Dutard, l'instituteur de la Cité Bel-Air, de l'école Joliot Curie, qui a planté le décor du fils d'émigrée italienne. Une sorte d'effet papillon. Certes, à l'époque, presque personne ne mesure combien le futur jeune et nouveau maire va transformer la commune et modifier les mœurs politiques d'un territoire beaucoup plus vaste, celui qui naîtra, un quart de siècle plus tard, dans l'intercommunalité.

Alors qu'en 1989 il lançait le projet d'un centre ville, l'Agora, les habitants de la Cité Bel-Air se sentirent dépossédés et Jacques Auzou dut faire preuve de diplomatie pour convaincre tout son petit monde.

Aujourd'hui, Jacques Auzou a conservé une pointe de nostalgie pour la Cité Bel-Air, même si, visionnaire et bâtisseur il a modifié l'urbanisme d'une grosse bourgade rurale devenue désormais la troisième commune de Dordogne.

Dès 1983, alors qu'il se rendait chaque jour à la mairie annexe de la rue Antoine Deschamps, véritable cœur de la vie municipale, arpentant le fameux quadrilatère de l'ancien camp américain à la rencontre des familles en compagnie de Lucien Dutard et de son adjoint Jean Pinet il mesure autant l'identité des lieux que le besoin d'ancrer la commune dans le futur.

Le quartier, il l'aime. Il y installera ses parents pour des raisons de commodités mais aussi parce qu'il y avait une véritable communauté fraternelle née dans les épreuves et les espérances d'un monde chanté par Aragon. Si Jacques est pragmatique il cache en lui les émotions de l'enfance et les racines italiennes de sa mère vibrent dans son cœur et même ses tripes. Venus de Marmande, ses parents habitent à une portée d'arbalète de la mairie. Ceci le rassure et il leur rend visite chaque fois qu'il vient à la mairie ; autant dire, chaque jour. Il y déjeune autant des plats mitonnés par sa maman que des nouvelles glanées par son père.

Il découvre les histoires, celles d'avant son arrivée et qui contribuent à enrichir son engagement militant et municipal. Jacques Auzou n'est pas un nostalgique mais il se laisse entraîner par les récits, les lieux et les coutumes de la Cité Bel-Air. C'est là, il le sait immédiatement, que se joue l'élection municipale ; c'est le bastion des « rouges » et les militants, nombreux, sont ardents et disciplinés.

Encore aujourd'hui, il se remémore ces Samedis communistes qui faisaient que chacun offrait une journée à la collectivité. C'est ainsi, selon lui, que bien des travaux d'adductions furent exécutés, parfois hors normes et règles. Certains branchements d'eau étaient suspects… mais ils fonctionnaient.

Les permanences municipales étaient le plus souvent bondées et s'achevaient encore au bistro du coin, en face, « Chez Simone », pas forcément détenteur de la fameuse licence IV.

Dans cette mairie annexe, Jacques Auzou s'est immergé dans un quotidien fait de petites misères dont l'écoute se poursuivait le plus souvent par des solutions plus fraternelles que politiques. C'est ainsi, il faut le souligner, que Lucien Dutard avait acquis un respect affectueux de tous.

Même si, comme Jacques Auzou le rappelle, le projet de centre ville Agora est né dans la tête de Lucien Dutard, il fallait un homme plus mesuré dans ses sentiments pour le quartier de la Cité Bel-Air afin d'affronter ce qui pouvait, légitimement, apparaître comme un abandon. Même si, à l'époque, le futur maire pouvait négliger l'identité de ce quartier et ne pas s'attarder sur quelques vestiges finalement pas si lointains de cet ancien camp américain, il fit en sorte de mettre en œuvre une politique appropriée d'aménagement et même de développement.

Au-delà des débats, des polémiques, il faut écouter et observer le fils de « Roger et Amabile » parler du quartier : « la Cité Bel-Air a conservé sa spécificité, sa mémoire et son identité. Et c'est tant mieux. Avec ce centenaire nous pouvons mesurer tout ce qui a été fait : « la rénovation de la voirie et des réseaux, l'éclairage des rues, la création du pôle médical et de services, l'ouverture de nouveaux commerces, la maison des associations, les « dents creuses » remplacées par des logements, la restructuration de l'école Joliot Curie, l'ouverture de la guinguette de Barnabé et la création d'un jardin public... tout ceci en veillant à répondre au mieux aux habitants. »

Avec le temps, pétris de lecture et de récits, Jacques Auzou est intarissable sur la Cité Bel-Air. Il en connaît les plus petits recoins et les histoires de familles. Tout ceci le conforte dans ses visions pour le futur.

Aujourd'hui, lorsqu'il passe devant le 34 de la rue Antoine Deschamps, la petite maison de ses parents aménagée dans un de ces anciens baraquements construits par les sammies, comment pourrait-il ne pas entendre les paroles et les « Bella Ciao », le chant de révolte italien qui célèbre l'engagement dans le combat mené par les partisans face aux fascistes de Mussolini. Si Jacques Auzou évoque les « Péotards » de la Cité Bel-Air c'est pour, très vite, s'arrimer au présent et surtout au futur de leurs descendants. Il pourrait presque faire sien cette pensée de Paul Eluard : « le passé est un œuf cassé, l'avenir est un œuf couvé. »

Né sous le signe du bélier, l'ancien apprenti charpentier, le rugbyman de Miramont-de-Guyenne, le dit : « durant toute leur vie, c'est à la Cité Bel-Air que mes parents ont vécu le plus longtemps. Et je crois qu'ils y ont trouvé une forme de bonheur ou, plus simplement de sérénité. »

On comprendra que les raisons du cœur ne se mesurent pas avec une calculette, une règle et un crayon. Louis Aragon disait : « il n'y a pas de lumière sans ombre.» Une citation qui va si bien à Jacques Auzou.

- ▼ -

Jacqueline Beylier

Jacqueline Beylier

Née à l'heure où s'achevaient les sombres heures de l'occupation Jacqueline Beylier a vécu son enfance dans le quartier de la Cité Bel-Air, sur la commune de Boulazac. Aujourd'hui, retirée à quelques kilomètres, à Coulounieix-Chamiers, elle n'a rien perdu d'une jeunesse marquée par les Américains qui amenaient le jazz, le swing, le Picon bière et la fameuse jeep à la guinguette de Barnabé.

Un de ses arrières grand-père, Fernand Serre, fut le premier maître nageur de la jeune guinguette que venait de reprendre la famille Foussard après la tragique noyade de son fondateur, juste après la Première Guerre mondiale. Une guinguette construite sur la commune de Boulazac, jouxtant celle de Périgueux, sur les bords de l'Isle. Elle est née et a vécu sa jeunesse dans ce quartier né sur les anciens camp et hôpital américains et qui accueillaient les familles venues de la campagne chercher un travail, souvent à la Compagnie du Paris-Orléans devenue en 1936 la Sncf. Elle, c'est Jacqueline Beylier, une belle femme aux cheveux joyeusement blanchis et aux yeux aussi translucides que peut l'être l'améthyste ; une allure sportive et une vie encore à remplir.

Dans sa maison de Coulounieix-Chamiers « Jacky » - c'est ainsi que ses proches l'appellent - entretient les souvenirs qui ne peuvent qu'être beaux et bons. Surtout ceux concernant la guinguette qui a marqué toute sa jeunesse. Mais pas seulement.

Jacqueline se rappelle l'épicerie de quartier où l'on pratiquait toujours l'ardoise qui était réglée en début de mois par les habitués. Le fils de l'épicière, Jean-Emile Lachaud, est né la même année qu'elle : « c'était un véritable lieu de rencontres où l'on bavardait autant, même plus, que l'on achetait. Tout le monde se connaissait. Il y avait une vraie solidarité » dit-elle aujourd'hui.

En cette fin des années quarante et au delà, la Cité Bel-Air était toute bruissante d'une intense vie qu'entretenaient encore les maraîchers, les femmes des ouvriers partis travailler au « P.-O » ou dans les petites usines de Périgueux. A cette époque le chômage était inconnu, mais les conditions de travail difficiles.

Entreprises ? Vous avez dit entreprises ? « Je me rappelle, poursuit Jacky, que le Jokari, un jeu de balle relié à un bloc par un élastique, qui a amusé des générations d'enfants, était fabriqué dans le quartier ; à la « Cancha », un atelier de jouets en bois. Il y a avait aussi l'usine de javel autour de laquelle parfois flottait une odeur de chlore… Je crois, aussi, qu'il y avait une fabrique de fauteuils de cinéma. »

Les rues furent goudronnées progressivement à partir des années cinquante. L'éclairage public fut aussi une véritable attraction : « on sortait dans le rue le soir pour voir l'effet produit. » Jacqueline entend encore la trompe de l'acheteur de peaux de lapin qui parcourait les rues du quartier ou encore la voix du rémouleur, venu une fois l'an pour aiguiser couteaux, faux et autres instruments contondants ou de la vie quotidienne. Chaque jour, aussi, passaient la voiture de l'épicier ou du boulanger. Un autre moment où l'on échangeait des nouvelles sur la ville et le quartier. Chaque moment de la journée avait son rituel celui d'un petit monde qui n'avait rien à envier aux personnages de Marcel Pagnol. Un monde en miniature et pourtant universel fait de petites misères et de grands bonheurs. C'est, du moins, ainsi que le relate Jacky. La couleur sépia est toujours celle des nostalgies.

Jacqueline, l'adolescence venue, se rappelle qu'elle allait danser à la guinguette : « J'ai encore en tête le bruissement des peupliers, l'odeur du Crésyl dégagée dans les toilettes et les douches. Je revois la tonnelle, à la belle saison, avec, dessous, les tables et les chaises où l'on consommait quelque boisson. Parfois, on mangeait une friture de goujons juste sortis de la rivière. Et il y avait les glaces. Les meilleures glaces de toute la ville ! »

Les années cinquante voient une autre génération de soldats américains fréquenter la guinguette. Ceux-ci arrivent avec leur jeep, leur coca-cola et font rêver les jeunes Périgourdines. C'est le temps du jazz et du swing, l'installation du premier juke-box ou Jacqueline et ses copines se retrouvent. « Oh mais ils étaient très corrects. Entre le père Foussard et la « Military Police » avec son casque blanc frappé des lettres M et P en noir ils savaient à quoi s'en tenir. »

Et puis, aussi, il y avait les fêtes de famille, souvent dans le garage. Petite, elle se rappelle avoir présenté une pièce de théâtre sous les applaudissements de ses parents et voisins : « nous n'étions pas malheureux même si nous n'avions pas tout ce qui, aujourd'hui, paraît indispensable. »

Dans cet immédiat après-guerre, elle se rappelle, les histoires racontées en fin de repas, comme ces Juifs qui s'étaient réfugiés près de la guinguette et que les habitants avertissaient quand se profilait aussi bien l'occupant que le collaborateur trop zélé.

« Parfois, poursuit Jacky, on prenait notre siège et on allait voir des films de l'époque sur le grand écran spécialement installé au « Le Moulin rouge », un dancing qui ouvrait sur le boulevard du Petit-Change. »

Mais, c'est Barnabé qui, incontestablement, reste le lieu de toutes les magies : « c'est là que j'ai appris à nager. C'était l'époque de Alain Distinguin, champion de France de brasse papillon en 1952 qui vivait à Périgueux et fréquentait la guinguette. Il montait sur le plongeoir haut de cinq mètres et se lançait dans la rivière sous nos applaudissements. »

Jacky a appris à nager avec des joncs comme bouée. L'examen de passage se résuma à une traversée aller et retour, entre Barnabé et Trélissac.

« Quand la baignade a été interdite, en 1970, ça a été un premier tournant dans la baisse de fréquentation de la guinguette… enfin je crois. Il est vrai qu'il y avait l'ouverture de la piscine à Périgueux… » conclut Jacky. Puis, reprend-elle, « j'ai quitté le quartier pour m'installer ici, à Coulounieix-Chamiers, avec mon mari qui était architecte et moi-même travaillant à la « Sécu », je ne venais que rarement à la guinguette. »

Jacky a étalé son album photos face à elle, sur une table et s'arrête sur une photo : « Ah, regardez, Fernand Serre, un braconnier comme on fait plus. Il se glissait entre les joncs qui longeaient la rivière. Tout le monde le savait. Il ne faisait de mal à personne ; au contraire. Il fabriquait autant que je me rappelle des barques ou bateaux avec la « palou » une rame courte qui correspondaient parfaitement à la navigation sur cette partie de l'Isle. »

L'anecdote incroyable c'est que, à Limoges, et me retrouvant avec un ancien Périgordin qui me parlait de Barnabé, celui-ci me confiait qu'il recherchait une image du braconnier qui vivait là dans les années qui suivirent la Première Guerre mondiale. Je convenais de lui expédier la photo de Jacky qui ne pouvait pas, sauf miracle, répondre à son attente. Et, regardant de près le regard de Fernand Serre, il le reconnut : « Je l'ai connu quand il était plus âgé, il était plus corpulent et différent ; mais c'est bien lui. » Désormais, je ne peux que croire au miracle ; le miracle de Barnabé !

Jacky se rappelle que lors des évènements d'Algérie, le député maire, Lucien Dutard, vivant près de chez elle était protégé par des militants communistes : « A cette époque l'OAS

(Organisation de l'Armée Secrète) faisait régner un climat de terreur comme on ne l'imagine pas aujourd'hui. On craignait pour la vie de Lucien Dutard qui s'était solidarisé avec les Algériens qui venait d'avoir leur indépendance. » On ne mesure jamais assez que la grande histoire a, aussi, ses petites histoires... locales.

Alors, bien sur, Jacqueline Beylier est restée une enfant de le « Cité Bel-Air ». Une « cité » qui n'avait rien à voir avec la définition que l'on a faite, qui n'avait rien à envier aux « beaux quartiers » d'où venait aussi une jeunesse, ivre de musique, de danse, et de fraternité en cette guinguette où populaire rimait avec extraordinaire, où solidarité rimait avec république.

Jacqueline Beylier : « Je suis heureuse que Jacques (Auzou Ndla) ait trouvé une solution à ce lieu qui incarne ma jeunesse mais aussi une page de notre histoire commune de Boulazacois et de Périgourdin. »

Je ne sais pas pourquoi mais Jacqueline me rappelle Simone Signoret dans le film de Jacques Becker *Casque d'or*. Peut être, outre le visage rayonnant, cette histoire d'amour impossible marqué par le destin, amour impossible entre le bonheur passé et celui qui s'ouvre devant nous. Fort heureusement la comparaison s'arrête là. Pas de guillotine. A Barnabé, le temps a abrogé la peine de mort. La seule peine qui vaille est celle des souvenirs, ceux des albums photographiques et des mémoires toujours éblouies et prêtes à faire danser la bougie de la jeunesse éternelle.

- ▼ -

Claudette et Jacques Beyssac

Jacqueline et Guy Beyssac

C'était le temps de la Guinguette, celle de Jean Renoir et celle de Barnabé, près de Périgueux. Claudette et Jacques Beyssac se sont aimés et s'aiment encore. Soixante-dix ans après les yeux sont toujours illuminés par la vie. Un conte où le prince et sa princesse dansent sans se soucier de l'horloger du temps.

Ils sont magnifiques. Lui, Jacques, quatre-vingt-dix printemps, elle, Claudette, un peu moins. Lui, ancien pâtissier de la rue Taillefer, à Périgueux ; elle, ancienne coiffeuse, dans le quartier Saint-Georges, à Périgueux. Les yeux pétillent, se croisent, s'accompagnent dans les mots échangés, les pensées aussi singulières que communes. Tous deux savent que les saisons se suivent et peuvent se ressembler ; que l'horloger du temps ne veut plus troubler leur amour préservé.

Lui, il est arrivé, il se le rappelle, en 1930, avec ses parents qui ont créé une usine de Javel dans le quartier de la Cité Bel-Air, rue de la Somme, là où en 1917 les Américains avaient implanté un camp et un hôpital. Jacqueline habitait juste en face. L'amour sillonnait dans leurs corps et dans leur cœur de jeunes d'une époque troublée par l'occupant allemand qui venait à la guinguette de Barnabé pour se détendre. Ah la guinguette ! Un mythe pour les amoureux. Les visages de Claudette et Jacques s'illuminent davantage et les yeux se mâtinent comme si un secret merveilleux allait sourdre, les privant de leur intimité. Oui, ils sont beaux et donnent envie de vieillir, de prendre le répit nécessaire pour aimer l'apparition des premières rides, replis d'une vie bien remplie.

Il y eut le mariage, en 1945, l'année de la Libération. Toujours dans ce champ presque clos de leur quartier, de leur rue. En ce temps là, il y avait la fête avec ses forains, sa retraite aux flambeaux, les trompettes et tambours parfois désaccordés. Il y avait « Le Moulin rouge » un dancing où se produisaient les artistes du moment et où les barrières sociales se brisaient. Et puis, la guinguette, celle tenue par la famille Foussard que venaient visiter d'autres Américains, ceux de l'après-guerre, grands gaillards mastiquant le chewing-gum et amenant le « Picon Bière ».

L'usine de javel passée, en 1955, Jacques s'installe comme pâtissier à Périgueux, dans la rue Taillefer, entre les boulevards et la cathédrale. Claudette travaille un temps comme coiffeuse puis vient aider son mari. Jacques, un tantinet artiste, créé de magnifiques gâteaux, à l'image de leur amour discret et réservé. Tous deux se remémorent leur « œuvre » : une cathédrale Saint-Front faite de tous les ingrédients de la pâtisserie.

Ils s'arrêteront en 1968 pour entamer une nouvelle vie, toujours dans le quartier qui a vu poindre leur destin d'amoureux. Jacques aime le cinéma et tourne des films amateurs qui l'amèneront à avoir un prix. La vie de province est faite de petites choses aussi insignifiantes pour un monde qui s'échappe, mais qui marquent une douce existence.

La guinguette ? Elle est toujours là, les dimanches après-midi, parfois le soir, l'été venu ; ils s'y rendent comme hier, comme aujourd'hui. Ils s'installent presque avec leurs habitudes inconnues d'une jeunesse turbulente qu'ils observent tout amusés qu'ils sont de se retrouver encore ensemble. L'accordéon, le tango et la valse résonnent dans leurs oreilles toujours enchantées. Les lieux sont miraculeusement immaculés ;

leurs cœurs aussi. L'absolue ingénuité de leurs présences est ainsi faite d'une pudeur bienveillante qui fait que les pas de l'un se soutiennent dans ceux de l'autre sans que la dépendance ne soit une chaîne.

Encore aujourd'hui, Claudette et Jacques conserve cette poésie de l'amour qui ne dévore pas l'Autre mais le place au centre d'un chemin qui écarte les soupirs, l'amertume, le reproche. Le poète Lautréamont posait ainsi : « La poésie doit être faite par tous. Non par un. » Il y a dans cette complice existence une certaine vérité bien ordonnée. Claudette et Jacques ont la distinction de taire les revers, la malchance aussi. Et il ne viendrait pas à l'idée de les chiffonner. Ils sont si beaux ainsi et les amants de Barnabé sont ainsi les enfants du paradis.

Jacques Beyssac est décédé le 28 septembre 2014

- ▼ -

Rolande Luriaud, Monique Boivineau,
Georgette Gayet et Jean-Marie Sauger

Monique Boivineau

Prés de Périgueux, à Boulazac, le quartier de la Cité Bel Air recèle quelques pépites aussi merveilleuses que discrètes. Entre les petites maisons laissées par les Américains en 1917 s'est développée une vie faite d'entraide et de solidarité. Sous la tonnelle, protégée par ses nains de jardin, Monique Boivineau accueille Rolande, Georgette et Jean-Marie. Quatre destins qui sont comme les cinq doigts de la main.

Rue de Chicago. Une fin de journée de printemps où le soleil achève de se frayer un passage sans bousculer les habitudes de l'apéritif d'un petit groupe plutôt de bonne humeur. Sur la petite terrasse qui jouxte la maison et ouvre sur un petit jardin reliant à la rue, Rolande Lunaud dite « Lulu », Georgette Gayet et Jean-Marie Sauger et Monique sont confortablement installés autour d'une table qui en aurait beaucoup à raconter. De toute évidence, on refait le monde. Le plus souvent possible. Un tableau qui n'aurait pas déplu à Pagnol ou Giono. Et pourtant nous sommes en Périgord, à Boulazac.

C'est en 1970 que Monique, Claude Boivineau et leur fils, Dominique [1] s'installent dans un ancien baraquement de soldats américains construit en 1917, dans le quartier de la Cité Bel Air, à Boulazac. Presque un demi siècle plus tard, la bâtisse est la véritable maquette d'un bonheur aussi simple que solide. Claude, l'époux, est parti pour le Grand Voyage mais

Monique entretient sur cette parcelle héritée de ses beaux-parents le bon goût des amitiés qui ne se nomment pas mais qui se vivent. Ceux-ci, anciens éclusiers à Périgueux, près du canal, le temps de la retraite arrivé, avaient acheté cet ancien baraquement des soldats américains pour y vivre leurs dernières années. C'était en 1968.

Ici, les gens sont nécessairement bien, le coin tranquille et on peut laisser les clefs dans la voiture. Il est loin le temps où l'herbe folle poussait dans la rue, les lapins de garenne sautaient de jardin en jardin et les hérissons se frottaient les piquants dans les fossés qui accueillaient les eaux usées. Mais, il y a un petit quelque chose qui n'a pas changé et que l'on ne veut pas voir changer ; un supplément d'âme qui donne à une existence un sens particulier : l'amitié. Et cette amitié elle est faite de petites attentions instinctives pour que l'autre ne soit pas dans la peine, dans le besoin. On appelle cela aussi de la solidarité ou de l'entraide.

Jean-Marie se lance : « Quand les volets ne sont pas ouverts on s'inquiète. » Georgette poursuit : « Si je suis malade, je sais qu'il y aura quelqu'un pour me faire mes commissions. » Rolande : « Et puis, on se retrouve, comme ce soir, pour discuter et ça fait du bien. » Monique écoute avec un sourire éclos et prend la parole : « Quand mon mari revenait de la pêche, il laissait toujours du poisson devant la porte des voisins. Moi, je trouvais des radis, des tomates devant ma porte… » Au premier mai, selon les compères, il y a toujours l'échange du muguet. Tout un symbole. Il y a aussi la distribution des cerises à la saison venue. Et puis tant d'autres petites choses qui rendent la vie plus aimable.

Alors dans ce petit coin fabuleux du quartier de la Cité Bel-Air on comprendra que c'est toute une vie, toute une somme d'histoires qui perdurent et entretiennent un art de vivre bel et bien vivant. Oh ne croyez pas que ces braves gens soient nostalgiques ! Ce n'est pas le genre même si les souvenirs s'égrènent dans un sympathique brouhaha, des rires et des exclamations. La vie y est croquée à pleines dents, le cœur dans les yeux. N'est-ce pas joliment dit par Monique : « On a tous une raison de s'aimer. On ne va pas s'en priver. » Si, si... c'est vrai.

Jean-Marie : « La rue de Chicago ? Je disais que pour y aller je prenais l'avion à Bassillac... et cela fait encore rire. » Issu d'une vieille famille de l'île de la Réunion, Jean-Marie Sauger a été nommé à la Direction Départementale de l'Équipement à Périgueux en 1980 et il a choisi de vivre dans ce quartier parce qu'il le trouvait tranquille : « Je suis à la résidence Floride – encore un souvenir des Américains. L'été on joue à la pétanque plutôt que de regarder la télévision. Je me rappelle la Coupe du monde de football en 1982, tout le quartier résonnait des clameurs des postes de télévision. En 1998 ce fut pareil. »

Rolande Lunaud est dans le quartier depuis 1953. Elle a travaillé dans des crêches jusqu'à sa mise en retraite, en 1993. Elle se sent en sécurité tout en reconnaissant que le quartier a bien changé en soixante ans : « Quand je suis arrivée, les toilettes étaient à la turque, au fond du jardin ; il n'y avait pas d'eau chaude et les rues n'étaient guère éclairées et pas goudronnées. Mais nous avons été le premier quartier de la commune à bénéficier du tout à l'égout. Il y avait encore de nombreux jardins qui peu à peu ont été vendus pour accueillir des familles. Là, on a senti que les choses étaient en train de changer. Je dirais au milieu des années soixante... Quant aux maisons laissées par les Américains, elles sont coriaces même si on a souvent dit que les murs sont en carton pâte. »

Georgette Gayet, l'ancienne secrétaire d'une dynastie d'avocats Périgordins, acquiesce discrètement : « J'habite le quartier depuis le premier jour du monde. Rue de Vauquois. C'est à la Guinguette de Barnabé, tout à côté, que j'ai connu celui qui deviendrait mon mari. Nous avons fait notre voyage de noces entre Barnabé et Trélissac... J'ai toujours vécu ici et je n'ai jamais été malheureuse. Pour moi, tout est ici, à la Cité Bel-Air. » On veut bien la croire.

Monique Boivineau, l'organisatrice et l'hôtesse de cette soirée entre dans la conversation : « Oui, quand je suis arrivée avec mon mari il a fallu transformer la maison car, si les fondations étaient solides, il fallait moderniser. Comme beaucoup d'autres, la bâtisse a conservé son architecture originale. Je suis bien ici et je ne voudrais pas m'en aller pour tout l'or du monde. » C'est vrai que la maison de plain pied est assoupie dans un petit jardin aux multiples recoins, un enclos en miniature avec ses nains de jardin et sa décoration presque exubérante et, en tous les cas, presque baroque. Un nid de douceur qui exhale ses senteurs bienveillantes et intimes avec une grande ingénuité, mais aussi une élégance naturelle et franche. Comme Monique et ses voisins dont on imagine qu'ils sont devenus de vrais amis.

Il y a dans cet inaliénable espace une liturgie du bonheur d'être ensemble, de ne pas concevoir la vie sans les autres. Entre eux, c'est naturel : solidarité et entraide ne se réduisent pas au dictionnaire ou aux envolées lyriques et généreuses des fantaisistes de tous poils. C'est une question de coquetterie pour contrarier l'air du temps.

Alors, bien entendu, cette allégorie est une bougie, une petite bougie toujours incertaine et fragile, lumière perpétuée avec une pudeur silencieuse par ce quatuor de voisins qui a fait la fête bien avant que l'on décide de la faire. Dans chaque lieu, dans chaque personnage d'une histoire, pour celui qui veut regarder avec le cœur, il y a une poésie jusque dans les gestes les plus élémentaires et candides d'un quotidien qui ne demande qu'à être émerveillé. On se prend à penser qu'il y a encore des instants privilégiés, des coins singuliers et des gens honnêtes pour retrouver les chemins de la solidarité et de la générosité. Pas loin, juste à côté de nous, à la Cité Bel-Air, rue de Chicago.

- ▼ -

(1) Dominique Boivineau est le correspondant du journal Sud-Ouest pour Boulazac

Christian et Sylvette Chaumel

Chistian Chaumel

La famille Jusseaume est arrivée à Boulazac, dans le quartier de la Cité Bel-Air, en 1933. Venus de la campagne alentour, le grand-père devenait « Péotard » et la mère entretenait une petite épicerie. Né en 1949, Christian, leur petit-fils a fait le tour du monde avant de retourner dans sa rue du Texas.

Comme la plupart des enfants de l'après-guerre, Christian Chaumel aurait pu perpétuer la tradition familiale, à savoir rester dans cette géographie familiale qui caractérise la belle et profonde province du Périgord. Ce ne fut pas le cas. Tout enfant, déjà, il arpentait les rues dont les noms avaient autant de consonances magiques et évocatrices pour un futur aventurier : Louisiane, Missouri, Texas, Chicago… Mais à l'Amérique du nord il préféra celle du sud avec ses rythmes endiablés et ses forêts immenses, ses routes à tracer et ses villes à bâtir. Comme le grand-père maternel, André, le père était « Péotard » tout en peignant quelques toiles et tout en jouant aussi de la musique. L'épicerie « Jusseaume » n'était jamais bien éloigné ; tout au plus deux rues.

Avant de rejoindre le vaste continent, Christian Chaumel avait suivi le chemin qui le menait de l'école de la Cité Bel Air à celle des Travaux publics Égletons, en Corrèze. A vingt ans il s'engageait dans le Service militaire adapté et avec son baluchon partait en Guyane ; un an plus tard il retournait à la vie civile et entamait une belle carrière dans des groupes internationaux de Travaux publics ; d'abord en Amérique du Sud puis au Moyen Orient. En 1986, il cédait devant l'amour de Sylvette, secrétaire d'une entreprise de transports de Trélissac. Cette fois il ne partira pas au Sri Lanka. Il décidait de poser son baluchon dans la maison familiale de la rue du Texas dans le quartier de la Cité Bel-Air. Il rejoignait une entreprise de transports, cette fois située à Boulazac. Chez cet homme il n'y a ni nostalgie, ni mélancolie. Il est toujours entre deux voyages ; mais, cette fois pour le plaisir.

C'était l'âge d'or de Tintin et Milou, l'arrivée d'Astérix et Obélix, les premiers pas d'une certaine Brigitte Bardot, entre la guerre d'Indochine et celle d'Algérie, le développement effréné des banlieues avec leurs barres d'immeubles, et la télévision allait passer à la couleur et offrir deux, puis trois chaînes. La modernité est triomphante. En ce début des années cinquante, même si les maisons commencent à être plus nombreuses que ne le sont les prés et jardins, le quartier de la Cité Bel-Air a conservé sa fraîcheur naturelle et la guinguette de Barnabé est au sommet de sa gloire. Christian Chaumel se rappelle qu'à cette époque le grand voyage consistait, avec le curé, à se rendre à pied sur la colline d'Escornebœuf qui domine Périgueux, à une heure de marche.

« Le quartier, raconte Christian Chaumel, dans les années cinquante et soixante était très vivant. Aujourd'hui, ce n'est plus pareil. C'est autre chose. Les petites maisons laissées par les Américains étaient progressivement réhabilitées tout en conservant la dimension symétrique et typique des constructions : des modules de trois mètres sur quatre, en enfilade, avec leur structure en mâchefer. Bien des maisons du quartier avaient gardé les charpentes originelles car elles sont d'une solidité et d'une qualité rares. Les poteaux en mâchefer de l'époque ont subsisté. »

Pendant que le père rejoignait les ateliers du Paris-Orléans, la mère de Christian entretenait une des nombreuses épiceries du quartier ; « chaque rue avait son épicerie » rappelle-t-il. Des épiceries qui étaient aussi un vaste bric-à-brac où l'on trouvait des choses aussi insolites que le fil à pêche, l'eau de Cologne, le pétrole pour les lampes, tournevis, ampoules, prises... Avec les petites charcuteries, les fromages, les légumes de saison. J'ai retrouvé ce type d'épiceries tenues par des Chinois autant en Amérique du sud qu'en Orient. Il suffisait de demander pour avoir... » indique Christian.

Entre l'épicerie et la cuisine, il y avait aussi un bout de comptoir en zinc où les hommes venaient boire un verre de vin nécessairement tiré à la barrique. « Quand c'était le temps des élections, se remémore Christian, il y avait un tohu-bohu enfiévré et toute la pièce était enfumée. On ne pouvait même plus entrer. »

Mais avec l'arrivée des grandes enseignes, plus particulièrement Monoprix en centre-ville, l'affaire familiale ne pouvait que péricliter. Ainsi, l'épicerie Jusseaume ferma en 1969.

La semaine et chacune de ses journées, étaient rythmées par les « tournées » : celle du facteur, le matin et le soir, du laitier au petit matin ; le lundi c'était le boucher, le vendredi c'était le poissonnier, le mercredi et le samedi la tournée des maraîchers ; c'était aussi le glacier venu des « Mounards » à Trélissac, de l'autre côté de l'Isle, avec sa camionnette bleue siglée « Glacière des Mounards » ; il sillonnait les rues et vendait des « pains » de glace protégés dans un sac en toile de jute, car il n'y avait pas de réfrigérateur ; il y avait aussi le « Papy Brossard » avec son triporteur qui vendait des gaufres et annonçait son arrivée par de grands coups de trompe ; à l'automne c'était le passage du charbonnier et des chiffonniers au printemps ; le « bossu » avec son atelier de rémouleur s'installait pour une heure ou deux et redonnait vie aux couteaux fatigués, un personnage qui entretenait des fantasmes dans l'esprit des enfants qui s'enfuyaient devant lui. C'était encore l'époque où passait le livreur avec sa carriole tirée par un cheval et même celle où le cardeur s'installait dans la rue pour fabriquer ou restaurer les matelas.

On peut parler d'une poésie saluant les choses et les gens ordinaires, pour les transporter au delà des portes de l'insignifiant. Une sacralisation du temps et de l'espace qui s'évanouit doucement, prudemment, sans résonner dans les livres d'histoire.

L'après-guerre. C'est le cœur du « Baby-boom ». Les temps des « allocs ». Et, à la Cité Bel-Air, il y avait beaucoup de gosses. Christian Chaumel se rappelle du passage, chaque début de mois, de l'agent de la Caisse d'allocations familiales qui déposait l'argent dans les familles ; c'était le signal pour que ces dernières aillent régler la note mensuelle des achats chez l'épicier. Christian Chaumel : « Imaginez, aujourd'hui, une personne à vélo avec une sacoche contenant plusieurs milliers d'euros... »

Dans son salon qui correspond à quatre pièces d'un baraquement, notre hôte n'oublie pas la promiscuité et l'hygiène de son enfance : « nous n'avons jamais manqué de quelque chose mais nous n'étions pas encore entrés dans la société de consommation. Les commodités étaient dans le jardin, à l'extérieur ; pour se laver, c'était à l'eau froide et dans une grande bassine. Nous trouvions cela normal. Oui, dans la pièce où nous sommes, il a pu y avoir jusqu'à trois générations, sept ou huit personnes... » Et Christian de poursuivre : « Dans ma jeunesse le seul voyage que l'on faisait était celui du service militaire ; certains, avaient vu l'Allemagne comme prisonniers ; tous revenaient aussitôt au pays. Alors, moi, quand j'ai annoncé que je partais, je suis passé pour un original. Mais, c'est avec un regard tout autre que j'apprécie ce quartier ; je peux comparer. Jusqu'en 1958, les rues étaient faites de terre et de cailloux comme celles que l'on trouve encore dans certains pays en voie de développement. Dans quelques années, et je leur souhaite, leurs rues seront comme ici, chez nous. Il n'y a pas que du mauvais dans le modernisme.»

Dans ses rêveries de baroudeur, Christian Chaumel connaît-il cette phrase de l'écrivain André Suarès : « Le voyageur est ce qui importe le plus dans le voyage. » Ce qui fait que chez cet homme discret, il y a un mélange de Marco Polo et de Jacques Cartier. D'ailleurs, les deux explorateurs et voyageurs ont, eux aussi, retrouvé le chemin de leur ville natale. Le premier à Venise et le second à Saint-Malo. Pour Christian Chaumel c'est le quartier de la Cité Bel-Air.

- ▼ -

Pascale Couderc

Pascale Couderc

De l'épicerie au bistrot, d'un comptoir à l'autre, Pascale Couderc, une enfant de la Cité Bel-Air, héritière de l'époque des Sixties, fixe, pour nous, un paysage presque immuable.

Née sous le signe du cancer, l'année où l'on fermait la grotte de Lascaux et qu'un certain Charles De Gaulle était élu président de la république au suffrage universel, Pascale Couderc, a grandi dans le quartier de la Cité Bel-Air, et ne l'a jamais quitté. C'est au 43 de la rue Edison qu'elle a pris son premier biberon, dans une famille de modestes travailleurs, celle des « Peruque ». Elle a suivi le chemin de l'école du quartier puis a été embauché dans chez un grossiste en produits pharmaceutiques, l'Office Central Pharmaceutique, situé dans la toute proche rue de Chicago. Et puis, elle s'est tournée vers une carrière d'infirmière tout en devenant une « Couderc ». C'est ainsi que Pascale s'est retrouvée à aider sa belle-mère, Micheline ou Mimi, qui tenait une épicerie, au 21 de la rue Antoine Deschamps.

Aujourd'hui, avec ses cheveux à la garçonne, rappelant la mode manifestée à la sortie de la Première Guerre mondiale, les fameuses années folles qui virent le quartier de la Cité Bel-Air s'émanciper, comme ces femmes de la génération de Coco Chanel et qu'a fixé le peintre Tamara Lempicka dans son célèbre Autoportrait dans la Bugatti verte, Pascale Couderc est une énergique présidente du club Sourire de Boulazac. Un club qui réunit les anciens de la commune et d'ailleurs, justement dans l'ancien hôpital du camp américain, un temps devenue mairie annexe, désormais salle des associations.

La Cité Bel-Air, Pascale Couderc n'a jamais imaginé quitter les rives accueillantes et rassurantes de ce quartier qui représente autant une page de l'histoire de France que de sa propre aventure : « Je suis une sentimentale et j'ai eu la chance de pouvoir rester dans ce cadre exceptionnel. Je n'ai jamais oublié ce que les anciens racontaient sur le quartier et ses origines, celles des Américains venus ici en 1917. »

C'est ainsi qu'elle se rappelle la vie qui a fait d'elle une femme discrète et énergique, généreuse et accueillante, autant attachée aux siens qu'à cette géographie que l'Histoire a aménagée pour que la souffrance humaine soit moins pénible. Eh oui, l'infirmière n'oublie pas les origines de ces lieux, celles d'un ancien hôpital. Est-ce une des raisons de sa vocation ? Le poète souscrira à cette présomption.

Ainsi, Pascale Couderc revisite ce passé pas si lointain où elle aidait sa belle-mère : « Elle avait repris l'épicerie créée dans les années trente, en 1983. C'était un bric-à-brac où l'on trouvait presque tout. C'était, autant que je m'en rappelle, un lieu de convivialité où l'on venait parler des choses du moment. On y servait l'apéritif, le vin rouge, blanc ou rosé, sur un bord de table. Parfois, il y avait tellement de monde que l'on faisait la queue avant de s'asseoir. Il y avait aussi les enfants qui venaient, à la sortie de l'école, acheter des bonbons. »

Il ne faut pas oublier que, jusqu'au milieu du vingtième siècle le comptoir désignait autant celui de l'épicerie que celui du bistrot.

Pascale sourit en parlant des facteurs qui, à la fin de leur tournée, venaient boire quelques verres ; certains repartaient à pied en laissant leur vélo ; Pascale accompagnait parfois quelques esprits embrumés jusque chez eux. Tout comme, Adèle, venue boire son « coup » et qui se faisait couper les cheveux au coin du bar ; la légende prétend qu'elle pissotait dans la rue… A cette époque, il y avait des personnages truculents tel le « Bignz », l'idole, aussi appelé « grandes dents », tout un programme. C'était aussi, Raffier, le chauffeur du préfet ; il habitait le quartier, venait prendre un verre, jouer à la belote à la sortie du service et raconter la vie locale vue de sa voiture officielle. Il se distinguait par ses costumes sombres, ses chemises blanches, ses cravates et sa casquette tout aussi officielle que la voiture de moussur lou préfet.

Pascale Couderc n'oublie pas ses après-midis à la guinguette de Barnabé : « J'y allais chaque fois que je pouvais, parfois tous les jours. Je retrouvais les copains et les copines du quartier autour du baby foot et du flipper. Parfois, nous allions faire un minigolf et c'est une certaine Sheila, nom emprunté à la chanteuse par ce qu'elle avait la même coiffure, qui nous ouvrait la porte. Il y avait là un formidable cadre et la famille Foussard savait parfaitement l'entretenir. »

A écouter Pascale Couderc, on arrive à dessiner un paysage propice au poète, celui qui, de presque rien, transporte les frissons vers les lumières heureuses. On paraphraserait André Breton dans Clair de terre : « ici, le soleil tenu en laisse reste synonyme de liberté. » Ou encore, Rimbaud laissant : « la mélancolique lessive d'or du couchant. » Oui, il y a dans ces souvenirs patinés par les saisons passées, au coin du zinc suranné, sur ses tables et chaises esseulées, une poésie du bistrot ; une poésie faite de mots envolés et de regards ouatés par le givre qui attend le prochain printemps.

Lorsque, en 1984, Amabile Auzou, la mère du premier magistrat de Boulazac, s'est installée rue Antoine Deschamps, Pascale Couderc a entretenu des relations de voisinage dont elle garde un souvenir émouvant : « C'était une véritable Italienne, avec tout le charme latin et l'énergie bien trempée. Son fils venait régulièrement la voir et tenait une grande proximité avec elle. Sa disparition, en juillet 2009, quelques jours avant mon mariage, m'a ébranlé. »

Justement, pour son mariage, Pascale Couderc se rappelle qu'elle avait invité la plupart des gens du quartier pour un grand apéro sur la place Marcel Labrot, jouxtant l'ancien hôpital américain. « C'était naturel. On se connaissait tous et on partageait tous les mêmes petits malheurs et grands bonheurs » explique-t-elle.

Elle se remémore aussi, en 1981, comment un certain Roland Dumas venait chez une habitante du quartier, Gisèle Saint-Laurent, laquelle était une fervente, solide et avertie responsable du Parti socialiste. Le conseiller de François Mitterrand, plus tard ministre des Affaires étrangères du président de la république, faisait campagne pour se faire élire député de la Dordogne. « Oh, reprend Pascale, mais c'est que le quartier avait ses gloires du moment. Ainsi, la figure de Lucien Dutard, député de la Dordogne et maire de Boulazac, qui était d'une exceptionnelle bienveillance, d'une remarquable disponibilité pour tous. »

Quand, en 2009, au décès de Micheline Couderc, arriva la fermeture de la petite épicerie, la dernière du quartier, ce fut un véritable déchirement. Les temps avaient mué. Les lampions des fêtes du quartier s'étaient déjà éteints depuis vingt ans et les fenêtres et portes des maisons s'ouvraient moins facilement ; le paysage si cher à Apollinaire dans son poème *Zone* s'évanouissait.

Alors, on peut aussi, rêver à cette Iliade qui compare les générations humaines aux feuilles des arbres qui tombent et meurent à l'automne pour renaître au printemps.

Désormais, dans le brouhaha joyeux de la salle des associations, Pascale Couderc entoure les anciens qui jouent aux cartes et, dans ce jardin inviolé du cœur, entretient, comme jadis dans l'épicerie de sa belle-mère, une poésie merveilleusement humaine. C'est sa façon, avec sa lyre accordée de générosité, d'enchanter encore et toujours son quartier.

- ▼ -

Francis Desage

Francis Desage

Avec son visage de Tintin façon Hergé, mâtiné de la gouaille du héros Lebrac de la Guerre des Boutons, avec ses moustaches rieuses et ses yeux scintillants, Francis Desage traverse aussi bien les quarantièmes rugissants que la mer des Sargasses. Le président des Amis de Barnabé est un héritier des poulbots revus et corrigés par Marcel Pagnol.

Le jour de sa naissance, dans un article paru sur le Nouvel Observateur et signé du démographe Alfred Sauvy apparaissait pour la première fois le terme « tiers-monde ». Francis Desage est un enfant des Rues-Neuves, à Périgueux, un quartier insalubre et promis à une malheureuse destruction dans les années cinquante et soixante. Sa famille, celle des « Jolivet », assurait un estaminet sur la place Mauvard et, dans ces années d'après-guerre, on honorait les faits de résistance qui avaient valu à quelques membres des démêlés et même la déportation. Chez les « Jolivet » on avait le sens du franc-parler et même du coup de poing si cela était nécessaire. On y était « rouge » comme le bon vin et si l'on pouvait débattre de la qualité du breuvage il était préférable de le tenir pour meilleur que tout autre.

Est-ce de ce milieu convaincu du « Grand soir » et où l'on ne badinait pas avec la solidarité et la fraternité que l'impétueux président des Amis de Barnabé tire son incroyable énergie ?

Pas seulement. Ses parents surent tirer parti de sa date de naissance en veillant à ce que leur progéniture pousse son premier cri sous le signe du lion. Pas celui de Joseph Kessel. Quoique… Comme avec King, le lion du roman, Francis peut souvent apparaître comme un lionceau qui s'engage dans la savane, en quête d'une Patricia ou de quelques ardents combats nécessairement homériques. La comparaison s'arrêtera là.

Francis Desage se rappelle avec émotion comment, arrimé dans la remorque attelée au cyclomoteur de son père, il passait le pont des Barris, remontait les berges de l'Isle avant de tourner dans la rue des Bains où vivait sa grand-mère paternelle.

Son père, Jean, qui marqua des générations de jeunes au Café de Paris de Périgueux où il officiait comme serveur était une figure de la ville et, aujourd'hui, Francis, le fils, est fier qu'on lui rappelle sa mémoire. Sa mère, Simone, travaillait à l'équipement, comme on disait encore, à la Cité administrative.

Le petit garçon qu'on imagine déjà turbulent suit ses parents aux Jalots, sur Trélissac, juste après Périgueux en allant à Limoges ; dans une maison enserrée dans un lotissement peuplé de policiers qui ne correspond pas franchement à l'esprit de la famille. D'école en lycée, Francis atterrit à « La Professionnelle » où il passe son CAP de mécanicien automobile. Nous sommes en 1969.

Trois ans plus tard, il fait son service national au régiment de sa ville : le Cinquième Chasseurs. En quittant le quartier Daumesnil tout proche de la Cité Bel-Air, il créé avec deux copains un magasin de motos dans le quartier Saint-Georges. Puis, peut-être pour rassurer ses parents, il entre à la SNCF comme conducteur de locomotives. Le voici au dépôt de Limoges avec la carte de la CGT et ses idées à monter des murettes jusqu'au sommet de la colline.

C'est en 1981 qu'il retrouve la Cité Bel-Air, au 52 de la rue des Bains, chez sa Grand-mère trop tôt disparue ; une maison construite, façon Loi Loucheur, dans les années 30. Un mariage et un enfant, le sens de la famille lui font quitter le monde des cheminots pour celui des enfants d'EDF, à Périgueux. Il y restera jusqu'à la retraite, en 2008.

Entre temps, Francis aura déménagé trois fois dans le quartier. Il faut dire que le blondinet aux yeux pétillants comme des étoiles filantes aurait pu jouer dans la Guerre des Boutons. Il y a chez lui une copie du héros Lebrac, chef de l'armée de Longeverne – et là c'est la Cité Bel-Air -, « malin comme un singe, têtu comme une mule, vif comme un lièvre » écrivait le créateur du roman, Louis Pergaud. Mais, c'est un peu son secret, il aurait aimé sillonner les océans façon Renaud chantant : « Dès que le vent soufflera je repartira, dès que les vents tourneront nous nous en allerons… »

Alors, il parcourt la Cité Bel-Air comme un conquistador toujours enflammé quand il s'agit de régler un différend, de dissoudre les petits problèmes du quotidien, de porter les couleurs de sa Santa Maria sur cette *terra incognita* qu'est son quartier. Quitte, parfois, à bousculer les évènements et les gens ; le tout s'achevant autour de l'apéro qui devient la Cène profane de toutes les réconciliations.

C'est en 2013, suite à l'organisation d'un vide grenier, naturellement dans la rue des Bains, que l'équipe des Amis de Barnabé s'embarque pour une expédition qui n'est pas encore achevée.

« On voulait développer une vie de quartier que beaucoup souhaitait conviviale et fraternelle. Le manque de dialogue amenait bien des conflits de voisinage qui se réglaient plus ou moins bien, parfois par huissier interposé. Désormais, c'est ma plus grande fierté, tout se règle à l'heure de l'apéro en bonne intelligence » explique Francis Desage devenu dès la création, le président de l'association.

Hébergés par les bons soins de la municipalité dans la maison des associations du quartier, les Amis de Barnabé ont multiplié en trois ans les initiatives : loto, atelier informatique, fête des voisins, site internet, collecte de la mémoire des habitants et, naturellement, le Vide grenier qui attire des centaines de participants et visiteurs.

Francis Desage le reconnaît : « Nous sommes associés et devenons le relais entre les acteurs de la vie municipale et une population qui affiche sa fierté et son bonheur de voir son identité préservée tout en accueillant les grands projets de son quartier. L'ouverture de la Guinguette est un événement majeur auquel nous sommes totalement associés depuis le début. Et puis, ce centenaire mené conjointement et avec l'appui de la Ville de Boulazac nous permettra d'aller plus en avant dans ce patrimoine, atout et richesse pour le développement de la Cité Bel-Air. »

Francis Desage est intarissable sur ces histoires à partir desquelles on construit une grande histoire, celle d'une communauté de destins où les valeurs de solidarité et de fraternité sont un exercice de tous les instants.

Entre Les Petits Mouchoirs de Guillaume Canet et les Humeurs Cérébrales, groupe de Trad' n' roll tulliste, mais aussi le périgourdin Patrick Ochs et Rue de la Muette, la moustache plus méridionale que gauloise, Francis Desage raconte en quatre dimensions ses souvenirs. Pêle-mêle, ce sont les Éclaireurs de France – sa seconde famille - où, sac au dos, il parcourait les bois de Lanmary, les cours de dessin industriel à la Professionnelle quand le professeur somnolait après quelque repas bien arrosé sifflant le départ vers Barnabé sans que l'absence ne fut signalée, les Américains quittant Périgueux en 1966 par la route des Jalots et qui lançaient par dizaines les lunettes de protection des conducteurs de chars, le voyage par le bac des Maurilloux à la Guinguette en évitant de payer, l'apprentissage de la natation de bouée en bouée, les partis de baby foot et de mini-golf, Reine Grandou et sa Simca 1000 qui amenait le ravitaillement dans les sorties des Eclaireurs. On pourrait l'écouter des heures...

Mais, Francis Desage est tout autant dans le futur, surtout celui de la Cité Bel-Air. Il aimerait bien que l'on créé un espace de mémoire, peut-être dans l'un des derniers baraquements n'ayant subi aucune rénovation majeure. De même, un chemin de visite entre les lieux - la Guinguette et les vestiges du camp américain - pourrait voir le jour. Et puis, il rêve à la création, à la Cité Bel-Air, d'un festival de Chorales de chants de marins.

Alors Monsieur le Président, seriez-vous plutôt Gavroche ou plutôt Escartefigue ?

- ▼ -

Michel Didier

Michel Didier

C'est la tourmente de la défaite de 1940 qui a amené le jeune Chalonnais Michel Didier âgé de neuf ans à Périgueux. Soixante-dix ans après, il vit dans le quartier de la Cité Bel-Air où il garde ses marques sur le garage automobile qu'il a créé en 1959 dans l'ancienne écurie d'un manoir de la rue du Pavillon repris par un de ses apprentis, Thierry Ducom.

Avec son élégant manoir néo-renaissance, à la limite des communes de Périgueux et Boulazac, la rue du Pavillon tire son nom d'un abreuvoir situé sur la rive gauche de l'Isle qui existait déjà à la fin du XVIIIe siècle mais aujourd'hui disparu. Une rue à la tranquille existence avec ses petites maisons au jardinet bien entretenu le plus souvent bâties à partir des années trente.

C'est ici qu'à la fin des années cinquante Michel Didier a implanté un atelier de réparation d'automobiles. Au début c'était dans une ancienne écurie puis, avec le temps et le succès, l'atelier s'est modernisé devenant un véritable lieu de vie où se retrouvent encore tous les bobos mécaniques des voitures, jeunes et moins jeunes. Ces engins extraordinaires que l'on appelait au début « les voitures sans chevaux ». Le terme automobile est attesté en 1890 mais la polémique sur son genre féminin ou masculin ne s'acheva qu'en…1944. Et tout ceci n'échappe pas à l'esprit curieux et inventif de Michel

Michel Didier, qui a cédé son affaire à un de ses apprentis, Thierry Ducom, il y a quatre ans, habite la maison contiguë et vient régulièrement faire une visite car son « garage », c'est presque toute sa vie. Et puis, comme il connaît tout le monde, parfois jusqu'à trois générations de la même famille, qu'il a conservé un regard affectueux sur tout et sur tous, il aime venir sentir l'odeur de l'huile et entendre les bruits des moteurs qui en disent long sur la santé des voitures. Et puis, même s'il s'en défend, il est une institution qui connaît bien des secrets du quartier, un peu à l'image des médecins de jadis. Des secrets qui ne sont pas toujours mécaniques.

Nous voici en 1939. La guerre est déclarée. Michel Didier habite à Châlons-sur-Marne devenue aujourd'hui Châlons-en-Champagne. Son père, militaire, est engagé dans les furieux combats de l'été 1940. Fait prisonnier, il s'évade mais les Allemands le recherchent ; il faut fuir, dans le sud, en zone libre. Ce sera Périgueux car le régiment de son père, le 35eme régiment d'artillerie a été replié dans la caserne Daumesnil située dans le quartier Saint-Georges. Une unité maintenue dans le cadre de l'Armée d'armistice et donc tolérée par les Allemands.

Encore aujourd'hui, Michel Didier est très marqué par l'exode et les larmes l'envahissent quand il évoque les évènements : « Les pires, c'étaient les Italiens qui avec leurs avions nous mitraillaient sur les routes. C'était un chaos total. Les cadavres d'animaux se mêlaient à ceux des hommes. Il faisait une chaleur suffocante, nous manquions de tout et nous suivions le mouvement sans savoir où nous étions. Nous avions tout laissé. Nous sommes partis avec le train puis il fallut poursuivre avec les moyens du bord. En voiture, dans des carrioles et même à pied. »

L'arrivée à Périgueux marque une pause dans l'angoisse et même le désespoir qui animaient le jeune enfant de dix ans. « Nous avons été très bien reçus. Mais c'était un autre monde. Les gens parlaient encore le patois et le manque d'hygiène nous avait marqués. » A son arrivée, toute la famille s'installe dans une maison rapidement aménagée, entre Périgueux et Boulazac, dans le quartier Saint-Georges, au milieu des jardins entretenus par les maraîchers.

D'une famille plutôt conservatrice et catholique il est inscrit à l'école Saint-Front, rue du Calvaire, à Périgueux. Puis, ce sera l'école de la République, à Saint-Georges.

« C'était une époque très dure où il fallait se méfier de tout le monde, si on ne voyait pas les résistants on voyait les collaborateurs… » raconte Michel Didier. C'est le temps où la principale préoccupation était de survivre, de se nourrir.

Novembre 1942. Occupation de la zone libre par les allemands. L'armée d'armistice est dissoute et, selon Michel Didier, son père s'en va dans le maquis, dans la région de Vergt. Il rejoint l'Armée secrète et procède, dans un premier temps, au camouflage du matériel du régiment.

Michel Didier se rappelle qu'il allait en ville pour voir et rapporter les faits et gestes des troupes allemandes : « On ne se méfiait pas de moi et je ne mesurais pas la portée de mes actes. On notait mes observations et je portais les plis en vélo à des personnes quand avec ma mère on allait chercher du ravitaillement dans les fermes de la région de Vergt. » Aujourd'hui, Michel Didier sourit et préfère dire qu'il ne savait pas ce qu'il faisait.

A la Libération le futur garagiste passe son certificat d'études et entre à l'école technique de Claveille, à Périgueux. « J'étais bricoleur et je réparais tout ce qui passait. Même encore je n'aime pas rester sans rien faire » dit-il maintenant. Il est embauché chez un transporteur et garagiste « Gonthier-Nouhaud » ; il deviendra rapidement le chef mécanicien. A l'époque, c'était une des principales entreprises de transport et de réparations mécaniques de la ville. Une sorte de sésame pour faire une belle carrière.

Le service militaire l'amène en Allemagne, dans les troupes d'occupation, comme mécanicien, naturellement.

De retour, il reprend son poste de chef mécanicien. Son père disparu Michel Didier prend en charge sa mère dont il s'occupera jusqu'à sa disparition. Une disparition qu'il évoque aujourd'hui avec une pudique douleur.

1959. Le voici dans la rue du Pavillon, à Boulazac. Il créé sa propre entreprise. « Au début j'étais dans une ancienne écurie que j'ai peu à peu aménagée. J'ai eu jusqu'à 6 ouvriers. Le quartier était un gros village où il s'agissait de rendre service. On se connaissait tous mais je ne m'occupais pas des petites histoires des uns et des autres. Il me fallait faire tourner le garage… »

Alors que la télévision entrait dans les foyers, que l'homme posait un pied sur la lune et que les ordinateurs envahissaient la vie quotidienne, Michel Didier, homme d'ordre et de devoir, ne cherchait pas à changer la vie, tout simplement voulait-il conserver le cap d'une existence sans histoire, surtout sans mauvaise histoire. Comme ce quartier de la Cité Bel-Air qui l'a adopté et où il a désormais ses repères. Il n'y a là rien d'un Fangio ou d'un Agostini. Mais, sa petite entreprise n'a jamais connu la crise.

Comme nombre de ses contemporains, Michel Didier a mené les choses avec énergie et finesse, avec le souci de bien faire, d'une certaine exemplarité, d'une harmonie dépouillée de prétentions déplacées. Comme ces voitures, celles d'hier, sans sophistication, celles que l'on répare presque d'un coup d'œil et assurément avec les mains, une clef à molette, un tournevis, une pince et le marteau rivoir.

D'ailleurs, il le dit : « je ne répare pas les voitures des snobs… »

Alors, bien entendu, on lui parle des lieux de plaisirs du quartier et il sourit : « Je ne bois pas, je ne danse pas. J'allais de temps en temps à la guinguette, comme tout le monde. C'était un lieu de rencontres très bien tenu par la famille Foussard dont j'ai réparé toutes les voitures. J'y retrouvais mes clients… Les bars, il y en avait beaucoup mais là aussi je ne les fréquentais pas. »

Le quartier de la Cité Bel-Air, le sien, c'est toute sa vie. Avec le garage. Pas de mélancolie mais un regard presque solitaire sur une vie incomplète : « La Cité Bel-Air, c'est un vieux quartier qui a été très bien réhabilité. On est loin du camp des Américains dont j'ai entendu parler et dont j'ai connu les petites maisons trop rapidement démolies à mon avis. Il en reste quelques unes et j'espère que l'on saura les conserver. Le renouveau de la guinguette ne peut être qu'une bonne chose. Ça attire du monde et ça fera vivre le quartier. » Et Michel Didier de rajouter : « Je suis bien entre mon garage et ma maison. J'ai tout ce qu'il faut. Et les gens sont gentils. »

On ne s'étonne plus de la longévité de ce garage. A l'heure des grands bouleversements planétaires, des angoisses du lendemain qui ne chante plus, ce petit bout de France est tout empreint d'une sorte d'éternité apaisante, c'est un mouvement invisible et une intimité qui font de chaque vie une œuvre. Mais c'est aussi la magie de certains lieux. Et la Cité Bel-Air, pour celui qui écoute le silence et respecte les ténèbres autant que la lumière, dégage cette atmosphère à la fois impénétrable et gaillarde qui contribue justement à cette œuvre

C'est peut être ainsi que Michel Didier est toujours un « médecin de voitures sans chevaux ».

- ▼ -

Jacques Dubois

Jacques Dubois

Jacques Dubois dans le quartier de la Cité Bel-Air, de 1933 à 1966. Cette année-là, il déménage pour s'installer à quelques centaines de mètres de la maison familiale. L'ancien métallier devenu artiste-peintre y goûte un long dimanche au bord de l'eau.

Rue du Canada. C'est là que le jeune Jacques voit le jour, en 1933. Une des dénominations de rue qui font rêver et invitent au voyage pour ce jeune garçon qui, finalement, travaillera toute sa vie ou presque dans l'ombre de l'ancien camp américain.

Ici, dans ce quartier de la Cité Bel-Air marqué par l'empreinte du nouveau continent, chaque nom de rue est une leçon de géographie. Celle, essentiellement de ce continent que l'on appelait « Les Amériques » ; parce que depuis Christophe Colomb c'était ainsi. Et puis, en 1917, les « Sammies » se sont installés sur des terrains encore vierges et y ont bâti leur jeunesse ; entre la guerre et la paix revenue ; un peu plus d'une année et une mémoire bien rivée dans le cœur des habitants qui leur ont succédé.

Est-ce cela qui a fait, plus tard, de Jacques Dubois un voyageur ? Un voyageur qui accroche sur le planisphère de son bureau des petites pastilles de couleur rouge qui sont autant de voyages. Mais, il est toujours revenu dans la géométrie des rues de son quartier de la Cité Bel Air et, bien sur, l'atmosphère familière de la guinguette de Barnabé.

Sa famille était arrivée dans le quartier au début des années vingt, juste quand les Américains furent partis. Un exode rural qui amenait son lot d'ouvriers et de petits artisans. Le père créera un atelier de serrurerie et de ferronnerie au 17 de la rue Antoine Deschamps. Aujourd'hui, c'est la troisième génération de « Dubois » qui entretient une entreprise connue et reconnue ; la fierté de Jacques, désormais retraité, et qui regarde en coin le développement de ses activités.

Le petit Jacques s'est élevé dans le quartier de la Cité Bel-Air et y a vécu durant trente quatre années. Il en est parti pour s'installer à une portée d'arbalète et a conservé ses amis dont le nombre se réduit avec le temps. Comme tous les enfants du quartier et de sa génération, il a fréquenté l'école Saint-Georges, sur Périgueux. Naturellement et avec passion il rejoint son père dans l'entreprise familiale. Il deviendra métallier, plus particulièrement serrurier, ferronnier. Puis, ce sera l'appel sous les drapeaux, dix-huit mois, au Maroc ; il sera rappelé trois mois supplémentaires ; c'est le début de ce que l'on appelle à cette époque « les évènements d'Algérie ». Le mariage, avec Nicole, les enfants sont autant de balises qui conditionnent une vie bien remplie. Jusqu'en 1998, année où il se décide à laisser l'entreprise à son fils, Jacques Dubois la développe avec son caractère ardent et soigneux. Sa belle implantation est autant liée à ses qualités professionnelles qu'à sa personnalité généreuse et bienveillante, son attachement pour sa « gare de Perpignan ».

Jacques Dubois n'a étonnamment rien oublié de ses années d'avant-guerre. Il est même très précis : « J'ai le souvenir que les familles du quartier étaient toutes de conditions modestes mais travailleuses. Il y avait une très grande solidarité. Je me rappelle, par exemple, que lors d'un décès, les voisins du disparu faisait le tour pour récolter un peu d'argent afin d'aider la famille. Nous donnions tous, en fonction de nos moyens. On n'aurait pas eu l'idée de fermer la porte. »

A la fin des années trente, le quartier de la Cité Bel-Air était encore un dédale de rues non goudronnées, presque des chemins de terre, avec très peu d'éclairage public, les maisons sans commodités ; ce n'était pas encore la ville et déjà plus la campagne. Il y avait de grands jardins qu'entretenaient des maraîchers auprès desquels les riverains pouvaient s'approvisionner. Les baraquements – qui étaient des bâtiments remarquablement conçus et réalisés avec des matériaux à toute épreuve – avaient été adaptés et aménagés comme logement set, peu à peu, beaucoup de locataires devenaient propriétaires. Les enseignes en anglais abandonnées par les Américains sont disparues. Les maisons restées vides en 1918 se sont peuplées. Puis, d'autres constructions s'élevèrent, surtout dans les années cinquante.

« En fait, explique Jacques Dubois, la Cité Bel-Air était le centre ville de la commune. Le maire y faisait ses permanences à la mairie annexe. Tous les commerces s'y trouvaient. C'est à partir de la fin des années soixante-dix et surtout quatre-vingt, avec la création de l'Agora, que tout a basculé. Désormais, la Cité Bel-Air est un quartier résidentiel même si on constate un regain d'activités commerciales et de services. »

Jacques Dubois se rappelle que près de la grande citerne d'eau construite par les Américains en 1917 il y avait un arbre protégé par une grille : « Mon grand-père m'a avait dit que c'était l'arbre de la liberté planté au siècle passé, certainement à l'occasion de la fin de la grande Guerre et après le départ des Américains. Il a été arraché dans les années cinquante quand on a construit un bar-tabac – Le Penalty - sur l'emplacement. Généralement c'était un peuplier ou un chêne… Là, c'était un très beau sapin, comme un sapin de noël. »

Jusqu'à la fin des années quarante, il y avait encore les citernes à eau construites par les Américains, à l'angle des rues de Chicago et Abadie ; on venait pour laver le linge et échanger les derniers potins.

Le quartier, hier encore ouvrier, devenait celui d'une petite classe moyenne qui bénéficiait de l'essor dû à la reconstruction. Ce n'est que depuis une vingtaine d'années que les plus anciens voient une mutation de génération avec l'arrivée en plus grand nombre de jeunes couples. Jacques Dubois, entrepreneur, voit dans ce mouvement un côté irrésistible, naturel, mais aussi rassurant et prometteur. De son plateau de Beauregard, l'ancien métallier garde un œil attendri sur cette parcelle d'histoire, sur cette géographie délimitée par les souvenirs d'enfance.

Jacques Dubois, nature conviviale, chaleureuse, toujours en empathie avec son petit monde ouvre tout grand le livre de sa vie : « La Cité Bel Air était un quartier très vivant. Il y avait de nombreuses petites entreprises de production et de services, des commerces, des artisans. Il y avait la fameuse javel Lacroix mais aussi la javel Koto, la fabrique de Jokari, une autre petite usine de produits chimiques -Demonlas, rue de la Somme, deux entreprises d'articles chaussants et pantoufles – Giry et Delpy, une menuiserie – Desuze et Devaud, « La Coopé », rue de Vauquois, - une coopérative alimentaire qui regroupait des petits épiciers. Et puis, il y avait un bistro presque dans chaque rue ; des épiceries, des boulangeries… » Un tissu d'entreprises, de petites tailles, mais qui faisait vivre plus d'une centaine de familles.

Jacques Dubois se remémore aussi les deux coiffeurs du quartier, Prosper Combescot, rue de la Garenne, et un autre dont il ne se rappelle pas le nom, rue Reydy. « J'allais chez Combescot, explique Jacques Dubois, c'était un ami de mon père, ils étaient ensemble à l'origine de l'Etoile Sportive Boulazacoise. Il ne prenait les enfants que le jeudi. C'était comme cela et pas autrement. Les « grands » y buvaient le café et refaisaient le monde, le grand et le plus petit, celui du quartier. Il y avait toujours du monde et pour le gosse que j'étais je ressentais un mélange confus de merveilleux et d'effrayant. »

1939. C'est la dernière année où se retrouvent les forains pour la traditionnelle fête du quartier qui se situe sur le boulevard du Petit-Change. C'est surtout la déclaration de guerre. Jacques est trop jeune pour connaître les combats et la débâcle de l'été 40. Pour lui, la guerre débute vraiment en novembre 1942, quand les Allemands traversent la ligne de démarcation pour occuper tout le pays et donc Périgueux.

« Ce matin-là, comme chaque matin, à huit heures, j'effectuais le trajet qui me menait de chez mes parents à l'école. Je passais toujours devant l'entrée des casernes. Ce matin-là, je voyais devant celle-ci deux voitures avec, sur le capot avant, un drapeau à la sinistre croix gammée ; des officiers allemands chamarrés, dans une tenue impeccable, et d'autres soldats allemands avec leurs armes semblaient en négociation avec les militaires français encore présents. Même si la scène pouvait paraître un peu débonnaire je n'oubliais pas qu'ils étaient nos ennemis et que leur présence n'augurait rien de bon. »

De 1942 à 1944, le quartier de la Cité Bel-Air devait vivre à l'heure allemande. Ce fut, autant que s'en rappelle Jacques Dubois, une période noire avec laquelle il vit encore aujourd'hui.

L'enfant qu'il était encore se trouvait pris dans une tourmente faite de petits évènements dont, sur le moment, il ne pouvait totalement comprendre le sens. Il raconte : « Notre instituteur, un matin, nous a fait chanter la Marseillaise qui était interdite. Le directeur a convoqué notre instituteur qui a disparu immédiatement. A la libération, j'ai appris qu'il avait rejoint le maquis. » Ou encore : « Presque en face de notre maison il y avait un milicien, et il y en avait même d'autres dans le quartier. Ils sont tous disparus au départ des Allemands. Le fils de l'un d'entre eux venait jouer avec moi. Mon père m'avait ordonné de ne parler de rien. Peut être que mon père savait des choses. On était tous dans la peur. »

Et puis, Jacques Dubois se rappelle du « nain ». « Ah le « nain », c'était un intouchable. Il paradait avec sa tenue noire des miliciens. Il faisait la pluie et le beau temps. Lorsqu'il a été abattu [le 14 juin 1944, sept miliciens sous le commandement de Dessoudeix attaquent les résistants. Le « nain » y trouvera la mort - ndlr] les Allemands bouclent une grande partie du quartier de la Cité Bel-Air et proposent à l'épouse du milicien de choisir des otages, ce qu'elle refuse. »

Durant plusieurs heures c'est un véritable état de siège que subissent les habitants. Au même moment arrivaient des éléments de la Division Das Reich qui rejoignaient le front de Normandie. Jacques Dubois raconte : « Il y avait les énormes chars Tigre qui arrachaient le goudron dans un vacarme étourdissant en manœuvrant sur le boulevard du Petit-Change et qui se dirigeaient vers la gare. Durant ces quelques jours les parents surveillaient de près leurs enfants et leurs demandaient de ne pas sortir. »

Jacques Dubois reprend son récit : « Nous avions un clochard nommé Lamouret venu de Rouffignac. Il habitait rue de la Somme. C'était un trépané de la Grande Guerre. Il a bien failli se faire prendre car il ne voulait pas voir le danger et avait décidé de se rendre à Lesparat. Plus tard, il venait casser la croûte sur les chantiers. Pour acheter sa « bouteille », il faisait d'abord la manche et ne venait que sa mission remplie. Il nous remercia de l'avoir sauvé car il n'est pas certain qu'il n'aurait pas fini parmi les fusillés du 35ème à la libération. »

Un personnage qui, avec ses différences, était bien intégré dans la petite société du quartier. Une vraie fraternité.

Pendant l'occupation, il y avait encore la fabrique de piquette du « Père Beyssac » ; un mélange de jus de fraise et de on ne savait pas quoi ; livraison assurée par une camionnette à gazogène. Il y avait aussi Margot, la jument, celle de la javel Lacroix qui assurait les transports. Jacques Dubois se rappelle avoir dû l'amener paître dans un pré voisin. Celle-ci s'échappa et on la confia plus au petit Jacques qui s'accommoda fort bien de la décision.

La Guinguette ? Ah la Guinguette ! « C'est là que j'ai appris à nager, explique Jacques Dubois, comme tous les enfants du quartier et d'ailleurs. Elle faisait partie, avec la famille « Foussard » du patrimoine du quartier. On s'est tous rendu au moins une fois à la Guinguette. On ne pouvait pas échapper à ce lieu qui était, je le reconnais, magique. Plus tard, à la libération, j'y ai dansé. Puis, pris par le travail je m'en suis éloigné sans toutefois ne pas m'y rendre au moins une fois l'an. »

Le paisible rituel de ces rencontres avec l'histoire est, à chaque fois, un voyage dans le temps et dans des univers qui éveillent autant la douce nostalgie que le joyeux canotage sur une rivière rassurante, celle de la vie. La quiétude née, jadis, dans le dessin des « boys », entretenue sur les bords de l'Isle, reste encore, à sa façon, pittoresque.

Jacques Dubois, le métallier, l'homme de fer, le poulbot de la Cité Bel-Air nous a convaincus que l'on peut toujours voir la lune et les étoiles, le matin ou le soir, au bord de l'eau.

Le voici, avec ses toiles, ses pinceaux et l'arc-en-ciel d'une vie encore à remplir. On pense, nécessairement au tableau de Georges Seurat, *Un dimanche après-midi* à *l'île de la Grande Jatte,* ou encore le tableau de bord de Marne à Créteil du à Paul Cézanne. On y pense car, il y a entre tous, un paysage où la rivière, la nature, les hommes aussi, se sont installés dans ce champ clos, véritable enceinte sacrée des amours éternels et des passions humaines à la fois intimes et universelles, celui de la Guinguette devenue un mythe du romantisme populaire.

Le dimanche au bord de l'eau, c'est en quelque sorte l'invention d'une campagne, d'un en-dehors de la ville, pour se libérer d'un temps toujours oppresseur. Jacques Dubois, l'homme de fer, l'entrepreneur, à sa façon, s'est libéré de ce temps chargé de sueur en cultivant son pré carré, celui qui repose sur une harmonie entre les contraires.

Cet enfant de deux siècles se rappelle que, le soir, à la séance du cinéma du Moulin rouge il était bouleversé par les images d'actualités qui montraient les bombardements de la guerre d'Espagne. « J'avais cinq ou six ans et j'étais frappé par cette violence. Je ne sais pas si les choses sont aujourd'hui différentes. » Jacques Dubois voudrait qu'il y ait encore beaucoup de dimanche au bord de l'eau. Il veut y croire. Nous aussi.

- ▼ -

Liliane Fayol

Liliane Fayol

Liliane Fayol est née et a grandi dans la même maison, celle du 26 rue du Canada construite par les Américains en 1917 dans le quartier de la Cité Bel-Air, à Boulazac. Elle a ainsi réuni les deux continents sur sa seule et unique île de quelques mètres carrés tout en guidant son frêle esquif entre deux tempêtes.

La rue du Canada. Entre deux autres rues, deux autres rives, deux autres mondes. Bien rangés, solides et hors du temps, les anciens baraquements érigés par les soldats américains y sont toujours visibles. Chaque famille, les années s'écoulant, y ayant aménagé une tranche de vie tout aussi bien ordonnée, solide et parfois aussi hors du temps. C'est là qu'a grandi Liliane Fayol. Entre le début des années cinquante et aujourd'hui. C'est que Liliane en a vu ! Mais, cette jeune octogénaire a le verbe discret. Un peu comme cette rue du Canada qui invite à toutes les folies géographiques et qui demande à ce que le voyage se poursuive.

Alors, entre sa cuisine et son salon, deux pièces héritées des Américains, achetées et aménagées avec les commodités par ses parents, tout en disposant le gâteau confectionné spécialement pour notre rencontre, elle revisite les anciennes histoires et les lieux transformés au gré des grandes migrations qu'a accueillies le quartier de la Cité Bel-Air. Elle dispose autour d'une bouteille de cidre, les verres. Liliane entretient ainsi une élégance et une courtoisie naturelles faite de petites attentions dont elle semble ne s'être jamais départie. Une touche très particulière que l'on retrouve le plus souvent dans les familles du quartier.

« Dans les années trente, c'était, raconte Liliane, le quartier des « Péotards », ceux qui travaillaient à l'autre bout de Périgueux, dans le quartier du Toulon, où se situaient les ateliers de la Compagnie de chemin de fer du Paris-Orléans, devenue la Société Nationale des Chemins de Fer. Le matin tous les hommes partaient travailler et ne revenaient que le soir. Restaient les femmes et les enfants qui allaient à l'école maternelle installée en haut, sur le boulevard du Petit-Change, avant d'aller à celle de Saint-Georges. »

Les femmes se retrouvaient dans la rue pour bavarder et entamer leur journée de labeur. Elles se retrouvaient aussi dans les épiceries du quartier ; il y en aurait eu quatre ou peut être cinq. Comme le souligne Liliane : « On n'avait pas d'argent, mais on manquait de rien. Nous vivions pourtant à neuf dans deux pièces. » Et de rajouter : « Quand l'époque des cerises était arrivée celui qui en avait en distribuait à ses voisins… on ne se contentait pas de parler de solidarité. »

Durant toute son existence Liliane a travaillé dans une usine de textile de Périgueux et la retraite arrivée, elle s'est s'occupée de ses parents ; sa mère est décédée en 2011. « C'était ainsi à l'époque et on ne voyait pas la vie autrement… » dit-elle. On l'écoute autant que ses longs silences qui ne sont jamais que des parenthèses qui traduisent une émotion contenue, une modestie franche et authentique. On entend les paroles de Jacques Brel: « l'espoir fleurissait dans les rêves qui montaient aux yeux… »

Dans sa géographie intime, celle de cette petite maison au charme presque désuet, se résume une existence sobre et millimétrée, une poésie que seuls les gens feutrés peuvent ressentir. « Je ne me vois pas vivre ailleurs qu'ici… » dit-elle en baissant les yeux et en demandant pourquoi on la presse de questions. On ose à peine regarder l'ordonnancement intérieur où on imagine encore quelques soldats américains surgis de la nuit des temps et qui s'affairent, au petit matin, à ranger la chambrée avant de rejoindre l'hôpital ou quelques services indispensables à la vié quotidienne du camp. C'était hier, mais c'est toujours aujourd'hui.

Alors, bien entendu, quand Liliane Fayol évoque cette époque où l'on séchait les peaux de lapins dans les jardins, destinés à la vente, les escargots dégustés lors de la fête de Saint-Georges, en mai, la figure de l'ancien député et maire de la commune, Lucien Dutard, « un instituteur et un homme exceptionnel... » comme elle dit, ou encore le personnage de Lamouret, revenu de la Grande guerre, autant marqué dans sa chair que dans son esprit et qui se faisait incarcérer à la prison pour l'hiver afin d'être au chaud. On voudrait retourner le sablier et entrer de plein cœur dans ses souvenirs.

Et sa langue se délie, progressivement, doucement, avec le temps : « Il y a eu, mais je l'ai juste entendu dire, entre 1930 et 1938, en bas de la rue de la Somme, au « Petit bois » il y eut des réfugiés italiens. » Fuyaient-ils le régime de Mussolini ? Diable, Liliane n'en sait rien !

Et elle reprend : « Ce sont de vieux souvenirs... Comme les bisbilles entre les socialistes et les communistes du quartier qui n'étaient jamais bien méchantes. Un jour il y eut un épouvantail devant la porte d'un communiste et le lendemain le socialiste trouvait devant se porte un pot de chambre. Il y avait un vieux garde-chasse avec un œil de verre qui habitait dans le quartier, il était de droite, et faisait peur à tous les enfants des familles plutôt à gauche. Les parents racontaient des choses qui n'étaient que des légendes afin d'entretenir cette peur. C'était comme cela jusqu'à la fin des années soixante autant que je me rappelle. Quant à ceux qui allaient à la messe, à la chapelle, ils n'étaient pas bien vus par ceux qui n'y allaient pas ; mais ce n'était pas bien méchant. Il faut s'imaginer que c'était encore un gros village et que tout le monde se connaissait. »

Mais Liliane Fayol, tout aussi fragile, vous dira que tout ceci n'a aucun intérêt et elle retournera entre deux parenthèses, couper son gâteau. Mais si, Liliane, vous êtes importante ! Toute votre vie est une belle pierre de l'histoire de l'humanité. Comme votre maison et ce quartier aux finalement multiples facettes, presque en mal d'amour.

- ▼ -

Odette Foussard

Odette Foussard

Odette Foussard a accompagné, durant un demi siècle, l'histoire de la Guinguette de Barnabé sur la commune de Boulazac. C'est en 1956 qu'elle a épousé Jean Foussard, seconde génération à faire vivre ce qui apparaît désormais comme l'emblème d'un mode de vie.

Fin 1953, arrivée de La Coquille, presque en terre Limousine, Odette, la juste vingtaine d'années passée apprenait le métier de coiffeuse chez René, une officine bien connue de la rue Eguillerie. Périgueux est encore une petite ville où les familles se croisent, se connaissent. Chaque dimanche on va déambuler le long des boulevards ; l'été on va à Cachepur ou à Barnabé.

A la sortie de la guerre, dans les années cinquante, un des lieux de rendez-vous de la jeunesse Périgourdine était le Casino de Paris. En raccourci : « Le Casin ». Là où une autre génération, celle d'aujourd'hui découvre le Garden Ice Café. Odette, le samedi soir ou le dimanche retrouvait ses amies au Casino de Paris pour quelque valse. Une courte parenthèse dominicale dans une existence qui se délimitait à donner satisfaction à la clientèle et s'assurer une place, gage de contentement pour ses parents.

En ce printemps 1954, un samedi soir, dans la salle de bal du Casino de Paris enfiévrée et enfumée ce fut le coup de foudre pour un homme avec lequel elle devait partageait quarante-huit années de sa vie : Jean, Jean-Maurice Foussard que les copains appelaient Jeannot.

« Je ne connaissais pas la guinguette, je ne savais pas ce qu'il faisait, mais nous avons dansé... » raconte Odette sans mélancolie, les yeux toujours pétillants. Le mariage aurait lieu quelques mois plus tard, en mai 1956. « Avant la saison, pour bien accueillir les clients » dit-elle.

Odette : « J'arrêtais mon travail de coiffeuse pour aider mon mari et m'occuper de la famille. C'était ainsi à l'époque. » Pour la jeune fille, tout était magique : « Quand je suis arrivé, je découvrais la bâtisse à l'architecture si particulière, la terrasse, le bac à poulie aux allures de gondole qui reliait les deux rives, le mini-golf qui existait depuis deux ans, le camping ouvert en 1951 et qui fut le premier camping homologué en Périgord, en 1954. »

Périgueux et le quartier de La Cité Bel-Air, dans ces années cinquante, semblent à l'écart des grands bouleversements du moment. La vie y est paisible, ordonnée autour du travail et d'une vie quotidienne pas toujours facile à gagner. Odette se met au travail : l'accueil, le service, la caisse, le rangement et le nettoyage, rien ne lui échappe ; elle ne veut pas décevoir Jean, son mari. « J'ai été heureuse même si le travail était parfois harassant. Les clients étaient formidables. C'est un des garçons de café, Émile, qui m'apprit le métier. Il faut imaginer qu'à cette époque les comptes étaient notés à la main et chacun avait son carnet. Il y avait moins de boissons qu'aujourd'hui. Outre le « p'tit vin blanc » et le « p'tit rouge » c'était la bière et des sirops avec de l'eau ou de la limonade. Nous faisions nos propres glaces. Chaque matin le laitier apportait le lait et les œufs. Ces glaces étaient très réputées chez les enfants et les plus grands... » Beaucoup amenait leurs enfants et passait ainsi l'après-midi. C'étaient les années du baby-boom... En ce temps-là, aussi, on portait la tenue du dimanche, spécialement sortie du placard.

En ces années où la France est en pleine reconstruction, l'inimitable Zappy Max côtoie James Dean, la mobylette et la Vespa détrônent le vélo, le whisky et le coca-cola bousculent la génération du baby-boom toujours bouillante.

Odette a le souvenir des Américains de la seconde génération, ceux de la période où ils étaient au « Camp américain » de Chamiers, dans les années cinquante et jusqu'en 1966 : « Il y avait un, un vétérinaire, qui venait régulièrement boire un mélange fait de whisky, de coca et de crème fraiche. Il venait bavarder. Une fois ils avaient réservé toute la guinguette et ils ont fait une fête mémorable jusqu'au matin. Ils étaient tous très corrects. » Proche des casernes, la Guinguette accueillait aussi les militaires en permission : « Au temps du Cinquième Dragon, puis du Cinquième Chasseur, souvent, avec une fille, les militaires prenaient les pédalos et passaient de l'autre côté de la rivière pour aller dans les près qui faisaient face. Après, je ne sais pas... Quand ils revenaient ils prenaient une consommation en galante compagnie...» Odette baisse les yeux et sourit : « Oh c'est que nombre de relations ont vu le jour à Barnabé. Beaucoup de mariage aussi. »

Puis, c'est l'époque des sixties. La mode vient de la riviera, de Saint-Tropez où une certaine Brigitte Bardot joue « Et Dieu créa la femme ». La Guinguette reste fidèle à une clientèle locale et, l'été venu, le camping affiche complet.

Odette est là, avec son mari et, désormais, ses deux enfants : Eric et Marie-Josée. La famille Foussard est au complet et soudée comme les cinq doigts d'une main. Et tout ce petit monde participait. « On faisait une petite restauration. Principalement des sandwichs, quelques gâteaux. Mais nous ne faisions pas le restaurant. Ce n'était pas notre métier » explique Odette.

Ainsi, plus tard viendront les cheveux longs et la révolution sexuelle. La Guinguette entre dans les années soixante-dix avec sa fougue et ses traditions. Odette : « C'est l'époque où se sont développées les boîtes de nuit. Nous avons transformé la salle de bal en salle de jeux parce que les bals populaires d'antan n'attiraient plus les jeunes. » Une jeunesse qui, de tous temps, selon Odette « a toujours été raisonnable. « Mais on les connaissait tous et leurs parents aussi « confie-t-elle. « Il est vrai que mon beau-père et mon mari savaient faire respecter la tranquillité de tous. Il n'y a eu, à ma connaissance, aucune bagarre à cette époque. Les mauvais coucheurs ne venaient pas à Barnabé » reprend Odette.

Oh il y avait les petits coquins qui mettaient dans le baby foot une pièce trouée avec un fil : « Mon mari les laissait faire quelques parties puis passait leur dire en souriant de bien vouloir arrêter. Et tout rentrait dans l'ordre. »

La Guinguette était une fabrique de rêve. L'été, chaque jeudi et le dimanche, il y avait les maitres nageurs qui apprenaient aux enfants à nager. Parfois ils étaient une cinquantaine en même temps. Ils sont nombreux encore aujourd'hui à avoir appris la brasse ou le crawl à Barnabé. Puis, ils y avaient celles et ceux qui venaient se baigner. Il était fréquent de voir deux ou trois cents baigneurs dans l'Isle. Il faut savoir que Périgueux n'avait pas de piscine jusqu'à la fin des années soixante. Et puis, il y avait les pêcheurs, nombreux et qui venaient de loin. Ils passaient toute la journée sur les berges de l'Isle, entrecoupée de solides et gaillards « petits verres ». On y verrait presque Jean Gabin dans le film « La Belle équipe »...

Selon Odette, Yves Guéna, qui deviendrait ministre du Général de Gaulle et Président du Conseil constitutionnel venait s'y baigner : « Pascal Vittori, son secrétaire, appelait pour demander s'il y avait un maillot de bain pour le patron. Yves Guéna arrivait, se mettait sur le côté, un peu à l'écart, et se baignait comme n'importe qui. Puis il mangeait une bricole. Ce devait être au début des années soixante. Il devait être député et pas encore maire. »

Un Yves Guéna qui inaugurera quelques décennies plus tard, en canoë, accompagné du maire de Trélissac, Francis Colbac, la nouvelle passe à canoë.

Durant toutes les années quatre-vingt la Guinguette a poursuivi son activité. Il y avait naturellement les habitués mais « le bouche à oreille » amenait de nouveaux visages. Parfois surprenants. Ainsi Wladimir et Sabrina, un couple d'artistes du cirque venu de République Démocratique Allemande et qui séjourna durant une dizaine d'années au camping. Ainsi, encore, des séparatistes basques de l'ETA assignés à résidence et que l'on avait installés sous surveillance policière durant plusieurs mois dans ce même camping. Odette se rappelle que les familles lui ramenaient des victuailles et alcools de leur pays : « Ils étaient comme tout le monde ici. Ils n'avaient pas l'air de terroristes. Ils venaient boire leur café et nous discutions avec eux. Mais on venait les contrôler tous les jours. »

Un camping qui, avec le temps, avait ses habitués et ses rites. « Certains vinrent durant quarante ans à la même place » dit Odette. On pense au film Camping et Jacky Pic incarné par Claude Brasseur. Un air de Flots bleus en Périgord.

Il y eut encore la grande fête orchestrée autour du Blaireau par le Juge Alain Bressy. Tout avait commencé en 1991. Avant son départ, en 2001, tout le landerneau culturel Périgourdin s'était donné rendez-vous pour une fête mémorable à la guinguette. « Il y eut même un feu d'artifice et je ne suis pas sûre qu'il y avait une autorisation » raconte Odette.

Quand en 2002, Jean, le mari, décède suite à une malencontreuse chute d'échelle Odette flanche. Sa famille est là et l'entoure. Et puis, il y a toujours Jean, continuer c'est une façon de le faire vivre davantage. Eric, le fils, la soutient ; la clientèle aussi. Elle continue.

Quand le cinéaste Jean-Pierre Denis choisira le cadre de Barnabé pour tourner une scène de son film Ici Bas ce sera le grand chambardement. L'ancien douanier y venait jadis et les lieux restaient préservés pour accueillir une ambiance des années quarante. Odette resterait dans l'ombre tout en observant acteurs et techniciens.

Depuis bientôt deux ans la magie entretenue durant prés

de soixante ans par Odette est en attente d'une nouvelle vie : « Bien sûr que je suis heureuse de voir l'aventure continuer. On n'a pas fait tout ça pour que ça s'arrête. Je vois encore des clients et nous nous rappelons de bons souvenirs. Je sais qu'ils viendront quand la guinguette ouvrira. »

Odette le reconnaît : « La fermeture, après cinquante huit années de travail a été dure. Il faut savoir s'arrêter mais, quand même, c'est dur. J'ai déprimé. » Si la page est tournée, le livre n'est pas encore achevé.

Aujourd'hui, soignée avec une élégance naturelle et le goût du détail discret, Odette reconnaît avoir du mal à parler de cette époque même si ce fut un rêve merveilleux. « Il y a encore quelques semaines je n'aurai pas accepté d'en parler » confie-t-elle. « Un long fleuve tranquille » dit-elle avec des yeux où se mêlent une grande et belle joie de vivre mais aussi une secrète nostalgie. Odette est du signe du Sagittaire. De ce signe on dit qu'il caractérise une personnalité optimiste, ayant le cœur et l'esprit ouvert, qui communique la bonne humeur autour d'elle. Dés lors on comprend mieux le secret qui entoure ce lieu aussi extraordinaire que fascinant. Un long fleuve tranquille...

- ▼ -

Georgette Gayet

Georgette Gayet

Venus de Marsaneix, c'est en 1924 que les parents de Georgette Gayet ont acquis la maison où elle habite aujourd'hui. A l'angle des rues du Canada et de Vauquois. C'était le temps des « Péotards », des hommes frappés par la crise du monde rural et qui tentaient de s'adapter en se faisant embaucher aux ateliers de la compagnie de chemin de fer du Paris-Orléans situés à Périgueux. Georgette Gayet est une figure emblématique du quartier, au charme et à la personnalité joyeuse et ferme. Elle incarne aussi une réussite sociale dans cette province du Périgord qu'elle n'a jamais quittée.

Georgette est une belle octogénaire qui a gardé une fraîcheur et une distinction presque bourgeoises dues à sa carrière professionnelle vouée à Thémis, déesse grecque de la Justice. L'élégance discrète, l'écoute prudente, la parole mesurée, elle ne se livre pas sans repères. Mais, on comprend, peu à peu, qu'elle soit invitée par ses « copines » du quartier de la Cité Bel-Air. Elle en connaît les grands petits recoins sans pour autant les dévoiler. Par nature et par métier.

Georgette Gayet est née dans le quartier, a fait l'école maternelle et puis l'école de Saint-Georges. Elle a gambadé dans les rues encore recouvertes de castine blanche et peu éclairées le soir. Elle a connu la destruction ou l'aménagement du camp américain et a appris à nager à Barnabé. Puis, elle s'est faite embaucher dans une étude d'huissier, derrière le Palais de Justice, à Périgueux ; elle a traversé la petite place pour devenir l'assistante d'un avocat réputé de la ville ; elle y est restée trente-six années. Elle aimait son métier et, dans les « milieux » elle était appréciée. Toujours disponible et attentive à la dimension humaine de la justice elle se rappelle combien, dans l'après-guerre, il était difficile de saisir les agriculteurs acculés et qui ne possédaient parfois que leur chemise et quelques vagues meubles. « J'ai vu de véritables drames où nous tentions tout en respectant le droit de préserver la dignité de ces pauvres gens que frappait une crise, sans autre fin que le désespoir » dit-elle actuellement.

Georgette Gayet a donc vécu toute l'évolution de ce quartier qui est ainsi passé en cinquante ans de son statut agricole à celui de petite ville. « Jusqu'à la fin de la guerre c'était la campagne » explique Georgette Gayet qui poursuit : « Tous ceux qui étaient arrivés tentaient avant tout de rebondir comme on dit aujourd'hui. Il y avait une véritable communauté qui partageait les mêmes espérances. Celles d'un monde un peu meilleur. Il y avait les employés du chemin de fer, les maraîchers et, aussi, des petites entreprises artisanales ou commerciales qui sont disparues dans les années soixante. » Et Georgette de faire surgir de sa mémoire un artisan qui fabriquait des malles de voyage et qui était réputé pour la qualité de son travail.

Le regard de Georgette semble être le même que celui de ce temps : il brille et s'illumine, sans nostalgie, avec même une ferme volonté de continuer à exister. C'est en 1953 qu'elle se marie avec Robert, un électricien ; naîtra une fille. Toujours dans le quartier de son enfance. Même si Georgette parle avec délice de toute cette mémoire c'est toujours avec la prudence de préserver l'intime. Ainsi : « Je n'ai pas connu la guerre et l'occupation si ce n'est comme enfant. Ce dont je me rappelle c'est que nous ne parlions pas des évènements. Il y avait une crainte dans tout le quartier, on était soupçonneux sur certains. Si il y a eu des Juifs cachés, par exemple, on ne s'en vantait pas autrement on risquait être dénoncé. Il faut plonger dans le contexte de l'époque pour bien comprendre. Après la guerre, on a pu dire... Fallait-il encore que ce soit vrai. Ce qui est sûr c'est la présence des réfugiés alsaciens arrivés dés l'automne 1939. Les relations étaient plutôt bonnes même si nous avions deux modes de vie très différents. La grande majorité d'entre eux est partie dés l'hiver 1940-1941 et les autres progressivement jusqu'à la fin de la guerre. Au sujet de la Guinguette, à la Noël 1939, la famille Foussard et la municipalité avaient organisé une manifestation pour les enfants et familles alsaciennes. »

Georgette se remémore aussi quand, le dimanche, entre treize et dix-neuf heures, elle se rendait pieds nus par la rue des bains se baigner à Barnabé ; les cueillettes de champignons et le ramassage des châtaignes dans le parc du château d'Ailhaud Castelet, le « quartier nègre » - entre les rues du Luxembourg, des Hollandais et des alsaciens - tout proche où d'ailleurs séjournèrent des aviateurs français durant l'automne 1940, là où, encore, il y avait des baraques en bois montées à la hâte pour accueillir des soldats démobilisés du gouvernement de Vichy : « Cela améliorait l'ordinaire » dit-elle.

Justement, sur cette époque trouble, Georgette a toutefois une anecdote : « Quand les aviateurs installés en haut du quartier suite à l'armistice s'en allèrent ils laissèrent des dizaines de capotes que nous avons récupéré afin de confectionner des vêtements. Vous savez, on avait des préoccupations simples qui étaient celles de survivre. » Georgette Fayol, pas particulièrement bigote mais qui allait de temps en temps à la chapelle de la Cité Bel-Air s'amuse encore des « bagarres entre cathos et cocos » et raconte : « C'est un quartier où les communistes étaient très implantés et les catholiques n'étaient pas toujours biens vus. Entre 1940 et 1944, en revanche, pour répondre à l'idéologie de l'État de Vichy, beaucoup faisaient baptiser leur enfant et fréquentaient la chapelle qui était bondée. Après, ce fut un peu l'inverse... »

De l'occupation, elle se rappelle seulement la chape de plomb qui recouvrait le quartier. « On se méfiait de tout le monde ». Tout au plus se rappelle-t-elle de la rafle occasionnée par la mort d'un collaborateur dénommé « Le nain », garde-voie. Il habitait le quartier et la famille a disparu à la Libération. Il avait été abattu par le maquis à Razac-sur-l'Isle si je me rappelle bien. Les hommes du quartier ont été amenés aux casernes puis relâchés ; je crois que l'un d'entre eux a été déporté » explique-t-elle hésitante.

Après ? C'est le temps de la Libération et la reconstruction. Georgette : « Il y avait du travail pour tout le monde ; mais le travail était dur et on ne comptait pas les heures. Il n'y a avait ni riche, ni pauvre ; seulement des gens qui travaillaient. Tout au plus les gens se rendaient le samedi soir ou le dimanche à la guinguette ; ayant peu d'argent ils achetaient une bouteille de vin qu'ils partageaient ; le temps n'était pas encore au cocktail. » Et Georgette Gayet baissant les yeux tout en riant : « Les hommes buvaient peut être un peu trop… » Des hommes qui, l'été venu et le soir, jouaient aux boules dans la rue de Vauquois exempte de voiture.

Georgette se rappelle bien entendu l'ancien maire et député, Lucien Dutard : « C'était quelqu'un d'extraordinairement humain. Quand j'étais à l'école et que je l'avais comme instituteur, parfois il nous envoyait chez lui pour chercher quelque chose et on revenait toujours avec un bonbon ou une sucrerie que nous donnait son épouse. Quand il faisait trop chaud il enlevait ses chaussettes qu'il déposait sur la fenêtre afin qu'elles sèchent et s'aèrent. Nous l'aimions et le respections. » Alors, naturellement, aujourd'hui, Georgette Gayet regarde la vie avec une belle sérénité mais aussi une certaine modernité : « Oui, c'est la roue de l'histoire, le quartier a changé. Certains sont partis ailleurs, beaucoup plus sont décédés dans leur maison. Vous savez j'ai internet… Comme dans tout, il y a du bien et du moins bien. J'ai connu l'arrivée des ordinateurs qui ont mis les machines à écrire au rebut. Alors, je vois les rues goudronnées, bien éclairées, le tout à l'égout et tout ce qui fait le monde moderne. Dans ma jeunesse c'était quand même très dur. Les plus belles années sont celles qui vont de 1968 à 1980. »

Georgette Gayet apparaît peu à peu comme une sorte d'Arletty couplée d'une Catherine Deneuve. De la première elle aurait la liberté gouailleuse et de la seconde elle aurait la liberté feutrée. Une assez belle et originale onction. Elle a encore beaucoup de choses à dire, à raconter mais, ce sera pour demain, pour un peu plus tard, au printemps, une saison qui lui va si bien.

- ▼ -

Ginette Garreau

Ginette Garreau

A 89 ans Ginette Garreau conserve une allure pimpante et un œil malicieux. Petite-fille d'un ancien conseiller municipal de Lucien Dutard, maire de Boulazac, l'ancienne ouvrière reconvertie en commerçante a bien connu les fastes heures de la guinguette de Barnabé. Très vite les couleurs du présent effacent la teinte sépia du passé.

Arrivée dans le quartier de la Cité Bel-Air, sur la commune de Boulazac, à l'âge de sept ans, en 1932, Ginette était la seule fille d'une fratrie de cinq enfants : la famille Desage. A l'époque le quartier était avant tout celui des jardiniers et des premières maisons construites sous l'impulsion du Ministre Louis Loucheur. Ces dernières bien reconnaissables par leur architecture commune devaient répondre à la crise du logement de l'époque. On les retrouve plus particulièrement dans les quartiers ouvriers tels que la Cité Bel-Air sur Boulazac ou encore Le Toulon sur Périgueux.

« Les rues n'étaient pas goudronnées, l'éclairage public se réduisait à une ou deux lanternes, et le tout à l'égout come on disait n'existait pas ; pour les commodités nous allions au fond du jardin et pour se doucher nous prenions le savon et la serviette et nous rendions à la Guinguette » dit Ginette avec un regard malicieux et presque coquin.

Dans sa maison à l'angle des rues des Bains et Branly,

Ginette a l'élégance d'une dame qui entend être courtoise avec la vie. On pourrait reprendre avec elle les paroles de Jean Ferrat : « On ne voit pas le temps passer… » On ne comprendra jamais assez combien le culte des anciens peut être apaisant, rassurant.

Dans ce début des années trente, son papa – Marcel Desage – est déménageur, spécialiste en déménagement de piano, dit-on. Puis, il entrera dans une entreprise du bâtiment bien connue dans la ville, chez Cochery où il achèvera sa carrière. Maman, elle, s'occupera de la fratrie et du ménage. Une leçon de vie que retiendra Ginette lorsqu'elle épousera son amoureux, quand l'heure sera venue.

A 14 ans Ginette est mise au travail dans une conserverie située rue du Clos-Chassaing à Périgueux. « C'était la conserverie Laforest, explique-t-elle, on travaillait dur mais c'était ainsi pour tout le monde. J'y allais avec le vélo que mes parents m'avaient acheté. Plus tard j'ai travaillé dans une usine de chaussures, rue du bac, à Périgueux – Coulaud et Subrenat. Quand je me suis marié j'ai naturellement suivi mon mari et je me suis occupé de l'aider et d'élever nos deux enfants. »

Et la Guinguette dans tout cela ? « Oh la guinguette, avant que je sois mariée, c'était là où nous allions le samedi soir et le dimanche. On se retrouvait entre copines pour danser. A l'époque c'était le pasodoble, le tango, la java et bien sûr la valse. Il fallait être bien habillée. Foussard, le père, veillait à ce que les garçons et les filles soient corrects. Il ne fallait pas s'asseoir sur les genoux des garçons. On buvait des jus de fruits, de la bière et le panaché maison. Parfois on amenait le panier repas. Mais on riait bien. »

Ginette se rappelle quand on a annoncé à la Guinguette la libération de Périgueux : « C'était un dimanche, un gradé est monté sur une table et a dit que Périgueux était libéré. Nous sommes tous rentrés chez nous avant de nous retrouver sur les boulevards où on amenait les collabos. » Quand on demande à Odette si elle était heureuse ce jour-là : « Oh que oui. Les

Allemands stationnaient dans les casernes du 35ème d'artillerie ; sur le trajet que je prenais pour rentrer de mon travail et je n'étais pas fière. Un soir un soldat allemand m'a suivi et j'ai demandé à un passant de m'accompagner. Quand les Allemands venaient à la Guinguette, je partais. »

Dans les années de l'après-guerre le quartier de La Cité Bel-Air connaîtra une urbanisation et découvrira progressivement les bienfaits de la « reconstruction ». Les jardins disparaissent peu à peu pour céder la place à de petites maisons et les anciennes baraques laissées par les Américains en 1918 sont restaurées. La vie de famille reste importante, u n des piliers de l'ordre social comme on dit aujourd'hui. Ginette : « Tout le monde s'entendait bien. La vie s'organisait entre le travail et la famille. On se rendait toujours à la Guinguette où on découvrait le mini-golf. On faisait du pédalo, on allait de l'autre côté de la rivière, à Trélissac. »

La famille était sacrée. On se retrouvait pour les fêtes de Saint-Georges à la recherche des précieux escargots dans les fossés des rues qui n'étaient pas encore goudronnées et sans caniveau. Ensuite, on les mangeait entre nous. Chaque 15 août toute la famille se retrouvait sous la tonnelle pour un grand repas. Nous étions jusqu'à vingt-cinq.

Puis, au moment des vendanges, nous avions une petite vigne ; le raisin ramassé, nous déjeunions toujours sous la tonnelle. La famille et même parfois les voisins les plus proches étaient présents. »

Ginette interpelle son neveu, Francis Desage : « Mais tu te rappelles, tu étais petit... » Le président de l'association Les Amis de Barnabé, caresse sa moustache, sourit : « oui... ce sont de bons souvenirs... c'est un peu ce que nous voulons retrouver avec l'association : une ambiance de solidarité et de convivialité. »

Ginette Garreau fut (presque) de toutes les fêtes de ces années au cours desquelles la Guinguette de Barnabé était le lieu privilégié des rencontres de toutes les générations : « on retrouvait les gens du quartier mais aussi les jeunes de Périgueux qui venaient. Quand j'ai eu mes enfants, je les amenais. L'ambiance était très familiale. »

Entre 1955 et 1980, Ginette devenue une « Garreau » accompagnait son mari sur la place Francheville à Périgueux ; forains, ils y vendaient des chaussures. Elle en a connu des Périgourdins ! C'est durant cette époque que le quartier de la Cité Bel Air s'est véritablement transformé pour devenir un lieu résidentiel prisé.

« Un jour on m'a demandé de me présenter à un concours de Miss ; c'était la mode ; je n'ai pas voulu. » C'est vrai que la future mariée était très jolie. Mais Marcel, déjà, veillait à sa Belle.

« Aujourd'hui, raconte Ginette, le quartier n'a plus rien à voir avec ce que j'ai connu. C'est la ville... avec tous ses avantages. On ne va plus au fond du jardin pour les commodités, on a la douche, les rues sont bien éclairées et goudronnées. » L'ancienne championne de course à pied qu'elle fut attend le renouveau de la guinguette de ses jeunes années : « C'est un lieu magique que la famille Foussard a su entretenir. J'ai vu grandir les marronniers, disparaître les premières tables et bancs en bois et les bals, mais la Guinguette a toujours été là. »

Ginette et Marcel, à la belle saison et quand le camping était bondé, louait une de leurs chambres à des touristes de passage : « c'était pour dépanner » dit-elle. Et de reprendre : « Le camping mettait une ambiance dans le quartier. Il y avait beaucoup de passages de voiture et même si nous n'avions pas beaucoup de contacts avec les vacanciers cela faisait un peu rêver... Car, pour nous, il n'y avait pas de vacances. »

Ginette, veuve, entourée de ses enfants et petits-enfants habite toujours dans le quartier. Une autre maison que celle connue au départ. Une maison comme on les faisait dans les années soixante. Ginette : « Je suis bien ici. J'ai tout ce qu'il me faut. Mais je ne danse plus. Evidemment, quand j'ai appris la fermeture de la Guinguette, j'ai eu un pincement au cœur.

Alors quand j'ai entendu qu'elle était rachetée par la Mairie et que l'histoire allait se poursuivre, cela m'a fait plaisir. Des lieux comme celui-ci il n'y en a plus... »

C'est l'heure du café. Ginette est soulagée : « Oh mais vous avez remué trop de souvenirs et j'ai la tête vide. » Les yeux sont toujours aussi pétillants et on devine combien cette vie si bien réglée et ordonnée s'est sagement accommodée du temps qui passe. Alors, bien sûr, comme le chante Jean Ferrat, le poète : « Et l'on n'étend plus aux fenêtres qu'une jeunesse à repasser... » Mais, aussi, avec Ginette on pourrait clamer : « Tu peux m'ouvrir cent fois les bras, c'est toujours la première fois. » Les bras ? Ce sont ceux de la vie, que diantre !

- ▼ -

Jean-Louis Georgevail

Jean-Lucien Georgevail

Le monde de Jean-Lucien Georgevail est resté contenu dans sa petite maison familiale, construite par les Américains en 1917, à Boulazac, dans ce quartier de la Cité Bel-Air. Au fronton de cette bâtisse remarquablement bien conservée, une étoile témoigne toujours de cette époque d'Outre-Atlantique. Projectionniste dans les années soixante il a dressé méthodiquement la liste des 321 films qu'il a programmés dans les salles de Périgueux, mais aussi à Boulazac, dans le quartier de la Cité Bel Air, au dancing Le Moulin Rouge. A presque 80 ans, l'étoile reste toujours à naître.

C'est un destin tout en retenue que celui de Jean-Lucien Georgevail qui a traversé six décennies sans quitter le quartier où il est arrivé avec ses parents en 1950. Né en 1937 en Corrèze il suit naturellement ses parents ; son père, roulant à la SNCF, est nommé à Périgueux et s'installe à Boulazac, dans le quartier de la Cité Bel-Air. A cette époque beaucoup d'ouvriers venus des campagnes s'y installent car les conditions de logement sont encore modestes et donc accessibles. Sa « gare de Perpignan » sera une maison construite en 1917 par les soldats américains, au 16 rue du Canada, au cœur de l'ancien camp militaire. André et Paulette, ses parents, seront propriétaires. Ils auront deux fils : Guy et Jean-Lucien qui passera sa vie à leurs côtés. André disparaîtra en 1988, Paulette en 2008. Aujourd'hui, Jean-Lucien, retraité, est une figure discrète du quartier qu'il n'a jamais quitté. C'est lui que l'on vient chercher pour réparer une lampe, une porte, un robinet ou tailler un petit arbuste rétif. « Oui, j'ai toujours travaillé... » dit-il en souriant.

Jean-Lucien Georgevail n'aime pas les projecteurs ; enfin ceux qui se braqueraient sur lui ; il a toujours préféré son projecteur de cinéma, celui avec lequel il faisait rêver ses contemporains. C'était au début des années soixante, le cinéma allait à la rencontre des gens, dans les quartiers, de petites salles permanentes ou des salles éphémères, dans des bars ou restaurants, aménagées pour une soirée. C'était le cas du Moulin Rouge, sur le boulevard du Petit-Change, au bout de la rue du Canada. Le vendredi soir, entre 1961 et 1967, Jean-Lucien installe son « Debrie », les chaises, masque les ouvertures et, avec une ouvreuse accueille les habitants du quartier. « C'est par mon frère qui connaissait le propriétaire des salles du Lux (dans le quartier Saint-Georges - Ndla) et du Rio (dans le quartier du Toulon - Ndla) mais qui faisait aussi des séances au Pouyaud, à Lisle, à Tocane, que j'ai pris ce travail. Je prenais ce travail sans rien savoir. C'est le patron, Christian Defarge qui était aussi caméraman à la télévision de Limoges qui m'a appris. » Tout juste, Jean-Lucien Georgevail se rappelle les séances de cinéma de son enfance, dans la chapelle du quartier, celle construite par les Américains ; des séances données par le curé, le jeudi.

En attendant, Jean-Lucien Georgevail aurait voulu être pâtissier. Le sort en a décidé autrement. « Après avoir été à l'école Saint-Georges mon père m'a mis de suite au travail. J'entrais comme magasinier dans une entreprise de pièces détachées de Périgueux, dans la rue Gambetta. Puis, en 1957, j'ai fait mon service militaire. Je ne suis pas parti en Algérie. J'ai été affecté à la base de Saint-Astier, au centre de stockage de l'armée de l'air. J'ai fait mes vingt-huit mois. En revenant j'ai trouvé une place de magasinier toujours dans l'automobile. A l'époque, on ne restait pas sans travail. Puis je suis allé dans le garage Deluc où j'ai fini ma carrière avec vingt-huit années d'ancienneté. Ce devait être en...2002. »

Dans la maison familiale qui a conservé miraculeusement ses architectures extérieure et intérieure héritées des « Sammies » Jean-Lucien Georgevail égrène une vie délimitée par une stricte et resserrée géographie. Quand on lui parle de la guinguette de Barnabé, il concède que ça ne l'intéressait pas : « j'ai du y aller deux ou trois fois... Il fallait travailler et il n'y avait pas de place pour le reste. » Pourtant, il avoue en souriant que, parfois, il allait à la fête foraine, à Périgueux, « pour les autos tamponneuses et le billard japonais. Quand les forains venaient au magasin acheter des pièces pour leur camion ils donnaient des tickets. »

Avec une délicate pudeur, Jean-Lucien Georgevail ne se retrouve plus dans l'époque actuelle : « Je ne comprends pas pourquoi tout est ramené à l'argent. J'ai été heureux avec peu. Je ne crois pas que les gens d'aujourd'hui soient plus heureux ; c'est même le contraire. » L'homme se fait mélancolique et même nostalgique. Il se rappelle les nombreux jardins qui sont disparus peu à peu avec l'urbanisation du quartier : « quand je suis arrivé il y avait les anciens baraquements construits par les Américains, quelques maisons, mais surtout de nombreux jardins qui permettaient aux familles d'améliorer l'ordinaire. Après l'école et ensuite le travail j'aidais mon père qui en entretenait quelques uns. Tout le monde s'entendait bien et on s'entraidait. Tout cela a disparu. »

Alors, quand notre hôte évoque le temps où il était projectionniste, on ressent en lui une certaine fierté, un certain bonheur. Ceci se confirme quand il va chercher ses grandes fiches cartonnées où il a scrupuleusement manuscrit les films qu'il a projetés : 321 au total. Le premier : *Mademoiselle et son gang* ; le dernier : *Christelle et l'empereur.* « Oh je ne suis pas un cinéphile ! Pour moi c'était un travail comme un autre. » Le porteur de rêves persiste dans sa modestie. Pourtant, ces trois grands cartons, tendrement préservés dans leur emballage en plastique, trahissent une sensibilité étrillée par une existence aussi sobre que soignée par une sévère éducation.

Parcourir ces fiches, écrites au stylo rouge, c'est plonger dans le Festival de Cannes ou la Mostra de Venise ; c'est installer Hollywood sur les bords de l'Isle, à Boulazac.

En ce temps-là, sur le boulevard du Petit-Change, reliant Boulazac à Périgueux, il y avait un café et dancing au nom évocateur et mythique : le Moulin rouge. Un de ces lieux où se retrouvaient les femmes et les hommes du quartier et même d'ailleurs. On y dansait au son des orchestres comme ceux des familles Auger, Debernard, Maugein. Un espace de liberté quand les bras fatigués et les têtes cherchant les étoiles on se pressait pour quelques verres et danses, quelques rencontres aussi. Une fraternité qui n'excluait pas que les poings puissent rencontrer parfois le pas de danse. Alors que les 25 printemps bourgeonnaient, Jean-Lucien débutait sa carrière de projectionniste au Lux, dans le quartier de Saint-Georges, mais aussi au Moulin rouge. Alors que déjà la télévision donnait du « film à retordre » aux salles de quartier, Jean-Lucien Georgevail se faisait magicien et entrait à sa façon dans le monde du cinéma. A Boulazac, dans son quartier, celui de la Cité Bel-Air.

En début de semaine il se rendait chez le transporteur Gonthier-Nouhaud, rue Wilson à Périgueux pour récupérer ses précieuses bobines de film et ses affiches qui arrivaient de Bordeaux par l'autobus. Il regagnait la salle du Lux où il devait monter les bobines et les adapter à son projecteur. Il faut savoir qu'à l'époque tout était manuel. Puis, il préparait ses affiches toujours merveilleuses et alléchantes avec le bandeau mentionnant le lieu et les heures des séances ; ensuite, en mobylette il les déposait dans les bars, les boulangeries et autres lieux de passage. C'était le moment aussi de bavarder sur la vie et les gens, sur le film annoncé aussi.

Le vendredi, en fin de journée, en débauchant de son premier emploi, il arrivait au Moulin rouge pour installer sa salle. Une ouvreuse le rejoignait. Il connaissait tout le monde ; des habitués. Il y avait généralement une quarantaine de spectateurs. On buvait un verre, avant ou après le film. Lui, avant la séance, préférait vérifier son projecteur installé dans la cuisine pour amortir le bruit de l'appareil et avoir le meilleur angle. Il regardait quelquefois si la salle était bien remplie. Puis, à 21 heures, la séance débutait. Il y avait des actualités, toujours très attendues même si avec le développement de la télévision, celles-ci permettaient seulement aux retardataires de ne pas manquer le début du film. Durant une soirée, c'était Hollywood boulevard qui allait devenir, presque malheureusement, Sunset Boulevard.

« C'était un public très convenable. On venait en famille, c'était une autre façon de veiller ensemble » dit aujourd'hui le faiseur de rêves. Il n'y avait jamais d'incident, sauf, parfois une panne de courant mais c'était rare. Les gens s'en amusaient. « On ne râlait pas comme maintenant » dit Jean-Lucien qui poursuit : « Le soir du cinéma, c'était une petite fête. Nous avions besoin de retrouver la joie de vivre après des journées de travail harassantes. » Y-avait-il des films qui ne plaisaient pas ? « Je ne m'en rappelle pas. Certainement. Quand c'était le cas je crois que les gens sortaient puis revenaient prendre un verre après... »

La séance achevée, l'opérateur avait la charge de tout ranger et de remettre la salle en état. « Pendant que je rangeais mon appareil et mes bobines, l'ouvreuse balayait. Et Jean-Lucien d'ajouter avec malice : « On trouvait parfois de petites pièces ou des bonbons entre et sous les chaises. » Alors, bien sûr, on aimerait que notre montreur de films nous parle des films qu'il a aimés : « Je passais des films sans me soucier d'autre chose que de bien réussir ma séance. » Alors, on veut croire encore à sa discrétion sans l'exclure de la grande famille du cinéma, celle que Guiseppe Tornatore à peint dans son film Cinéma Paradiso.

Après avoir construit leurs fameux camp et hôpital sur Boulazac, à la Cité Bel-Air, les Américains sont d'une certaine façon restés, avec leur cinéma dont aujourd'hui on imagine mal la place qu'il avait dans l'imaginaire d'une jeunesse toujours avide de rêve et de nouveauté. Une jeunesse qui avait subi la guerre et l'occupation, une jeunesse travailleuse et joyeuse. Comme Jean-Lucien Georgevail.

En 1967, le cinéma Le Lux ferme ; « à cause de la télévision » explique l'ancien projectionniste. Il y a déjà quelques mois que Jean-Lucien Georgevail a définitivement abandonné sa salle du Moulin rouge. Bien avant Eddy Mitchell, il a vécu dans le noir et derrière son « Debrie 16 mm » sa « dernière séance ».

Nous raccompagnant sur le pas de sa maison bientôt centenaire, Jean-Lucien Georgevail pointe du doigt l'étoile du fronton de sa maison, vestige de la Grande Guerre : « C'est la seule maison à posséder une étoile. Je ne sais pas ce que cela signifie. Peut-être que c'était la maison d'un officier... » L'histoire est là, devant nous. Et cette fois, ce n'est pas du cinéma.

- ▼ -

Camp américain en 1917. Vue d'un des baraquements types

Camp américain en 1917. Atelier de scierie et de menuiserie à usage des militaires américains

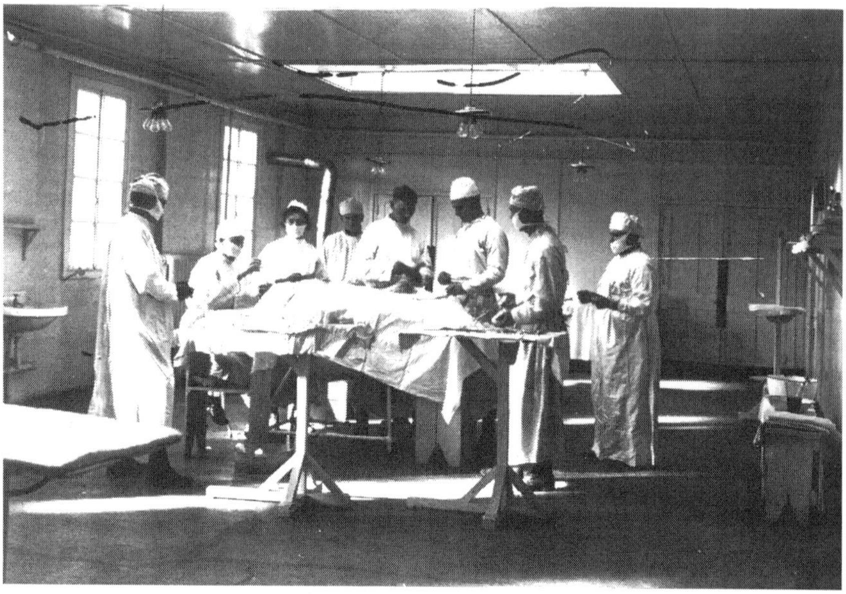

Camp américain en 1917. Salle d'opération

Camp américain en 1917. Salle de préparation des produits pharmaceutiques

Camp américain en 1917. Réfectoire

Camp américain en 1917. Chambrée

Camp américain en 1917. Chambrée

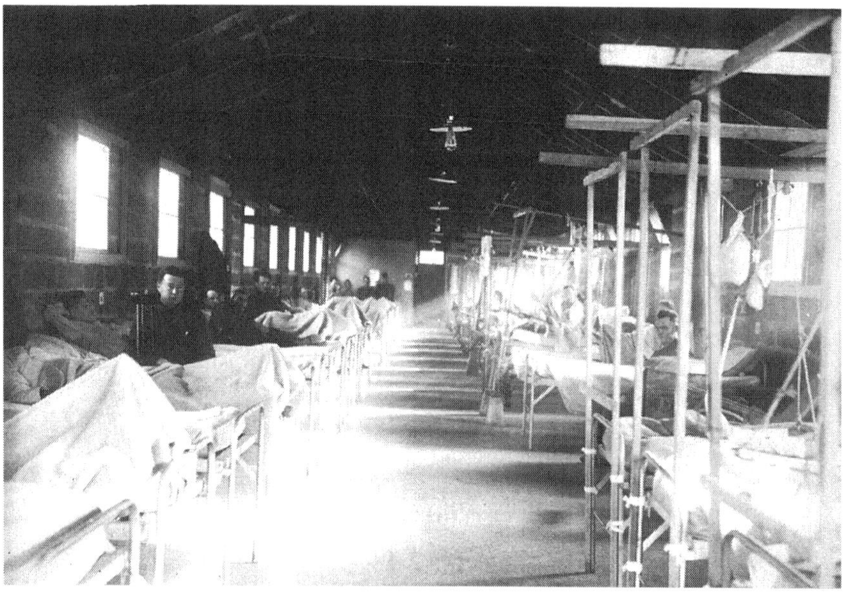

Camp américain en 1917. Chambrée pour les soins orthopédiques

Camp américain en 1917. Salle de radiologie

Camp américain en 1917. Laboratoire photos pour la radiologie

Camp américain en 1917. Les bains-douches

Camp américain en 1917. Photo de famille des officiers et cadres

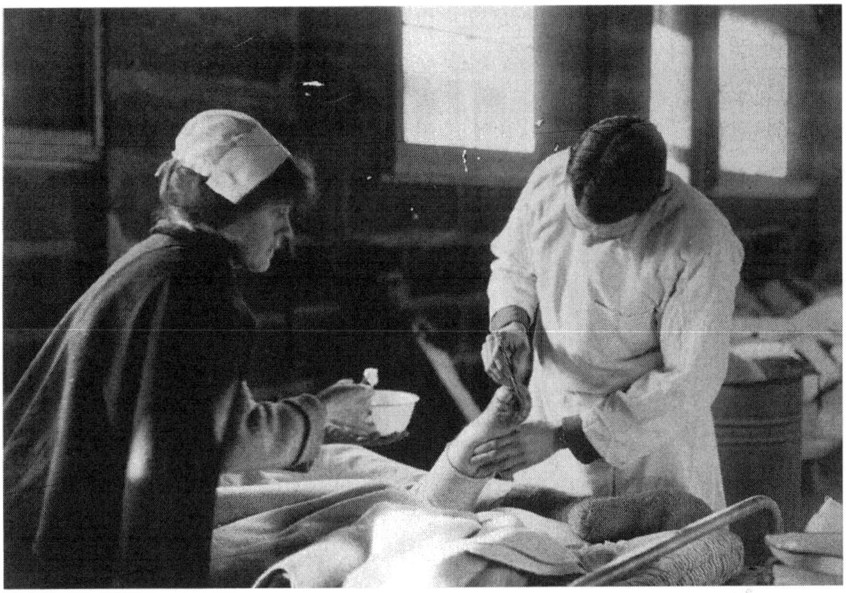

Camp américain en 1917. Lors d'une amputation

Camp américain en 1917. Laboratoire bactériologique

Délimitation de l'ancien camp américain qui correspond à une grande partie du quartier de la Cité Bel-Air

Raymonde Gorse

Raymonde Gorse

A partir de 1930, le quartier de la Cité Bel-Air, à Boulazac, a accueilli une population ouvrière proche du Parti communiste. Ce fut l'âge d'or d'un mouvement qui a profondément marqué l'histoire de France. Raymonde Gorse est une figure de cette fresque humaine où solidarité et entraide faisaient du « Parti » une famille.

Pour paraphraser Paul Eluard, des lèvres de Raymonde s'envolent des colombes. C'est aussi « la belle et la rebelle » que chante Jean Ferrat. Ou encore celle qui chante « La Rose et le Réséda » d'Aragon pour dire que le « grand soir » est une poésie éternelle. Avec ses quatre-vingt dix printemps en ce mois de mai aux milles souvenirs dont soixante de militantisme au Parti communiste français, Raymonde Gorse est le bouquet du premier lilas, du premier muguet, de la première rose. C'est le tourbillon d'une jeunesse toujours pétillante et presque enivrante. Dans sa maison du quartier de la Cité bel Air, sur la commune de Boulazac, sont entassées les pages d'une vie toujours inachevée. Une maison bâtie en 1966 avec l'époux, Roger, un militant de premier plan du Parti communiste Français en Dordogne. Roger, parti l'an passé. Parti ? Oui, car en écoutant Raymonde on se rappelle aussi cette phrase de Jean Ferrat : « Un poète ne meurt jamais... » Avec le temps les combats de jadis se mêlent à ceux du moment et constituent ce que l'on appelle une histoire, une culture et donc, aussi, une poésie. C'était le temps des camarades. Raymonde, avec sa distinction, une mémoire et une éloquence souveraines nous plonge dans une vie toute ancrée entre le militantisme, son travail d'institutrice, ses enfants et, bien entendu Roger.

Raymonde Gorse est une fille « Lacombe » qui a grandi entre un père cheminot et une mère qui entretenait le foyer familial dans le quartier de Saint-Georges à un kilomètre à vol d'oiseau de sa maison actuelle. Une mère déjà militante puisque membre de l'Union des Femmes Françaises proche du mouvement communiste. Un père à gauche et sympathisant communiste. Raymonde a toujours voulu être institutrice. Et c'est ainsi qu'elle va mener son parcours d'adolescente de l'école de son quartier au lycée de jeunes filles de Périgueux. Lorsque durant l'occupation un responsable de la Légion – organisme créé par l'État de Vichy – proposa à son père que, s'il adhérait sa fille serait reçue au concours d'institutrice, celui-ci refusa. Dans la famille Lacombe, républicaine et de gauche, on ne transigeait pas avec les valeurs. Ainsi, Raymonde devait être institutrice suppléante avant que d'être nommée titulaire en 1951 quand le périgourdin Yvon Delbos fut nommé ministre de l'éducation nationale.

De la guerre et de l'occupation, Raymonde a conservé la lourde ambiance de méfiance et de délation née de l'opposition entre les partisans de l'État de Vichy et les autres. « J'avais, raconte-t-elle, des convictions. Mon père, ancien combattant, m'avait élevée en me transmettant l'amour entre les hommes et il n'avait aucune haine envers les Allemands. Mais quand ils ont occupé la France, il s'est engagé dans la Résistance, celle du monde du rail où il travaillait. Déjà, lors de la guerre d'Espagne, nous étions engagés en faveur des républicains espagnols et je me rappelle être allée collecter de l'argent sur les boulevards de Périgueux pour acheter du lait aux enfants. On avait un grand drapeau dans lequel les gens mettaient ce qu'ils voulaient. Oui, sans que nous soyons dans un parti, nous étions déjà des militants dans le cœur… J'avais douze ans… » Raymonde s'arrête et son regard s'évade ailleurs puis elle reprend : « Toute petite, je disais quand j'aurai le droit de voter j'irais toujours voter. C'est après la guerre, je crois en 1951 que j'ai voté pour la première fois et depuis j'ai toujours voté. »

De cette période sombre de l'occupation, Raymonde se remémore les copains qui disparaissaient partis au maquis, les collaborateurs qui entretenaient un climat détestable de peur : « Dans ma classe il avait la fille d'un responsable de la Milice et il nous fallait nous méfier. Une autre fois j'ai vu un garçon sortir du siège de la Gestapo ce qui ne pouvait qu'entrainer notre suspicion ; à la Libération, il fut fusillé pour avoir été un indicateur des Allemands. Une voiture qui s'arrêtait devant nous pouvait annoncer une arrestation. On vivait constamment dans la peur. Comme j'habitais à proximité des casernes, j'entends encore les salves et parfois même les cris qui signifiaient le martyr des résistants et otages. Ça forge quand même des convictions et le besoin d'engagement… »

Dans la rue Camille Desmoulins, toute proche de chez elle, se situait une maison de tolérance réservée aux soldats allemands et Raymonde se rappelle bien les allées et venues tout en évitant elle-même de passer devant. Il y eut aussi la grande rafle de mai 1944 : « C'étaient des soldats Géorgiens et des miliciens qui passèrent dans toutes les maisons pour arrêter les Juifs. On n'imaginait pas ce qu'ils allaient devenir. On était triste et on n'avait aucune explication. J'ai le souvenir que les miliciens étaient plus violents que les Géorgiens dont certains nous faisaient signe de partir nous cacher. »

A la fin de la guerre, Raymonde est nommée en remplacement à l'école de Saint-Cernin-de-Reilhac. « Au début j'y allais à vélo. Presque trente kilomètres. Puis je prenais le « tacot » et je m'arrêtais à la gare de la Gélie. C'est en gare de Niversac que le 8 mai 1945 j'ai vu le chef de gare passer sur les voies avec un panneau « la guerre est finie ».

Le samedi 19 aout 1944, jour de la Libération de Périgueux,

Raymond se rendait chez le coiffeur : « j'ai vu les Allemands qui s'en allaient en prenant tous les moyens de locomotion qui se présentaient. Cela donnait l'impression d'une débandade, mais certains conservaient toute leur morgue et on savait qu'à tout moment ce départ pouvait se transformer en tragédie. Arrivée en ville, on m'a dit que les Allemands s'en allaient pour de bon. Le mardi suivant alors qu'il y avait une cérémonie sur la place Montaigne on a annoncé que les allemands revenaient ; le bataillon de « Soleil » quitta la cérémonie et se porta par le quartier du Toulon vers Saint-Astier où on disait les allemands retranchés. »

1946. Raymonde perd sa mère. « A cette époque on portait le deuil et il n'était pas question de s'écarter de ce rituel. De plus, cette disparition m'avait marquée, je n'avais pas vingt ans. »

1947. Après les grèves très dures du printemps et qui aboutirent à l'exclusion des ministres communistes du gouvernement, Roger Gorse, cheminot, est muté de Brive à Périgueux. Il se retrouve avec le père de Raymonde et c'est ainsi qu'il découvrira sa future épouse.

Le grand-père de Roger Gorse était un socialiste résistant et lui, Roger, s'était engagé dans les Francs-Tireurs et Partisans Français et aux Jeunesses communistes.

Raymonde raconte : « Nous nous sommes mariés en 1950, un jeudi pluvieux, à la mairie de Périgueux. Le soir nous avons partagé un repas très simple avec la plus proche famille. Puis nous sommes allés sur la Côte d'azur, une dizaine de jours, pour mieux nous connaître. » Et Raymonde de reprendre : « Roger fut avant tout un très bon camarade. On partageait les mêmes idées. Il était désintéressé et ne cherchait ni galon, ni argent. On avait un idéal... et cela remplissait bien notre vie. Et puis, il m'a donné de la confiance en moi. »

Avec Roger ce sera une aventure collective et intime, deux destins qui ne feront qu'un. Ils affrontèrent ensemble le temps des certitudes, puis celui des doutes, puis celui des contradictions et du désarroi. Mais Raymonde le dit : « Je suis entré au

Parti communiste en 1956 et je prendrai ma carte tant que je vivrai. Depuis la disparition de Roger, je continue à payer sa carte. » Les jeunes générations imaginent mal combien durant un demi siècle le parti fut un nid douillet qui offrait chaleur et culture autour des valeurs de solidarité et de justice.

Roger sera une des chevilles ouvrières du mouvement communiste en Dordogne. Après avoir été secrétaire de l'Union départementale de la CGT puis secrétaire de la section du PCF de Périgueux il devient secrétaire de la Fédération départementale pensant avoir son bâton de Maréchal. L'avenir le contredira : il sera conseiller général, conseiller municipal, conseiller régional. Raymonde sera sa plus fidèle et ardente compagne de route. Ne dit-elle pas : « Avec Roger, rien n'était tabou. On parlait de tout et avec une grande tolérance. Nous n'étions pas toujours d'accord mais il voyait dans un autre point de vue des éléments pour compléter et conforter l'essentiel de sa vision. Parfois, c'était plusieurs jours après qu'il reprenait la discussion. Lors d'un voyage en URSS il avait bien vu qu'il y avait des choses qui le surprenaient mais il voulait avant tout comprendre. Nous avions tous deux une soif d'apprendre.» Et puis, comme l'exprimait à l'occasion des obsèques de Roger Gorse, Laurent Péréa, secrétaire de la Fédération départementale du PCF : « A eux deux, ils ont bien illustré ce mot du grand Jaurès : « C'est en allant vers la mer que le fleuve reste fidèle à sa source ».

« Nous sommes venus dans le quartier de la Cité Bel-air en 1966 car nous avions cinq enfants et il fallait avoir des conditions de vie convenables pour tous. Mes beaux-parents nous avaient offert le terrain. On n'était pas fauchés mais on n'avait pas d'argent. C'était différent d'aujourd'hui. L'avenir ne pouvait qu'être meilleur parce que nous le voulions. J'ai toujours veillé, malgré nos occupations nombreuses de partager le déjeuner du midi avec tous les enfants. Nous savions que le soir il y avait les réunions syndicales ou politiques. Je me rappelle le premier aspirateur. A l'époque il n'y avait ni congélateur et ni machine à laver. Il fallait être très organisé. Imaginez que nous avons eu le téléphone qu'en 1977 ! Jusque là on allait à l'épicerie pour téléphoner et Roger était déjà attaché parlementaire de Lucien Dutard, député ! Tous les soirs il y avait quelqu'un qui dormait à la maison car nous n'avions pas les possibilités de transport d'aujourd'hui et certains venaient de l'autre bout du département. Vous savez, être communiste c'est simple : c'est aimer les gens. »

C'est en 1964 que Raymonde Gorse a rejoint l'école Joliot-Curie de Boulazac où elle finira sa carrière en 1981. Elle retrouve Lucien Dutard, un « camarade » qui est aussi le maire de la commune depuis 1953. C'est une femme de l'ombre qui rayonne autour d'elle au travers de ses engagements dans les associations, les activités périscolaires et la défense des droits des femmes. Ce qui ne l'empêche nullement de remplir ses devoirs de mère de famille : « pour avoir des droits, dit-elle, il faut déjà avoir conscience de ses devoirs. »

Elle a vu son quartier, celui de la Cité Bel-Air, évoluer : « Il n'y a plus la solidarité d'autrefois. C'est regrettable mais c'est ainsi. J'ai connu l'arrivée de Jacques Auzou – un camarade – et Roger avait tout de suite compris qu'il aurait un brillant avenir. Il l'a soutenu. Moi, je le soutiens toujours. Et je ne suis en aucune façon déçue.»

Raymonde Gorse constate que tout le petit monde des ouvriers qui constituait l'âme du quartier est remplacé par une classe moyenne qui n'a pas vécu la guerre et la reconstruction, dont la conscience politique est affaiblie par l'intérêt trop personnel et l'absence de projet collectif. Elle se rappelle combien le « Parti » jouait jadis pleinement un rôle de sociabilisation et d'entraide. Tout s'est progressivement désagrégé même si quelques oasis subsistent. La relève tarde à arriver.

Une de ses fiertés c'est de croiser et bavarder avec l'un des mille enfants qu'elle a eu l'honneur d'accueillir dans ses classes. Beaucoup sont partis ailleurs. Signe d'un temps qui voit ses repères se disperser.

La vie est âpre quand on la subit, quand les doutes deviennent des quais inanimés, quand la voile est mal ajustée et que le vent la déchire. Raymonde a voulu que son existence ne soit pas subie, que les quais restent éclairés et que la voile soit bien accommodée. Désormais, il y a les enfants et les petits-enfants qui lui donnent des sourires parfumés. Mais la militante est en embuscade ; chaque jour elle lit la presse écrite et continue à apprendre un temps qui est toujours le sien et elle se fait un avis sur tout, ou presque. Même si elle attend toujours le « Grand soir », pour Raymonde c'est toujours le temps des camarades.

- ▼ -

Suzette Graffeille

Suzette Graffeille

Elle est née après la Grande Guerre, a traversé le vingtième siècle et accompagné le troisième millénaire en faisant de sa vie un hymne laborieux. Elle a connu le lavoir et la machine à laver ; le cheval et l'automobile ; les débuts de la radio et ceux d'internet. Suzette Graffeille, ancienne miss de la Cité Bel-Air, est restée docile même si, veuve, avec le premier cheveu blanc elle a décidé de voyager à travers le monde.

C'est une petite femme dont les yeux pétillent de mille étoiles. Une petite femme toujours coquette mais sage comme elle l'a été toute sa vie. « Toute ma vie j'ai écouté mes parents puis mon mari » dit-elle installée dans son fauteuil de la maison de retraite de Bassillac où elle a décidé de vivre désormais.

L'année où elle est arrivée à Boulazac, venant de sa Haute-Vienne natale, Suzette Graffeille avait onze ans. Cette année-là, un certain Jean Mermoz ouvre une ligne de l'aéropostale entre Saint-Louis du Sénégal et le Brésil et c'est le premier tirage de la Loterie nationale. Nous étions en 1933. A cette époque le quartier de la Cité Bel-Air accueillait les familles venues pour trouver un travail à Périgueux.

Celles-ci venaient principalement du nord du département et, aussi, du Limousin. Suzette suit un oncle car ses parents restés à Limoges ne peuvent pas s'occuper d'elle. Ils occuperont une petite maison abandonnée par les Américains en

1918, rue de Chicago. « Il n'y avait pas le confort mais il ne serait pas venu l'idée de se plaindre » confie-t-elle en dressant ses mains. Suzette était inscrite à l'école primaire du quartier Saint-Georges : « Je ne traînais pas sur le chemin car il fallait participer aux travaux de la maison. C'était ainsi.

Les repas étaient à heure fixe et si j'arrivais en retard et bien je ne mangeais pas.» Suzette le reconnaît : « J'étais une enfant sage, docile et obéissante et j'ai été comme cela toute ma vie. » Suzette a connu un frère, une sœur et deux demi-sœurs : « nous avons tous passé notre vie à travailler pour élever nos enfants. C'était l'époque et nous trouvions cela normal. » Et Suzette de lâcher : « C'est vrai, je n'ai pas eu une enfance heureuse...»

En cette fin des années quarante le quartier de la Cité Bel-Air restait un gros village et tout le monde se connaissait mais les fréquentations restaient basées sur les nécessités du quotidien. Suzette se rappelle bien la guinguette, celle de Barnabé, de la famille Foussard : « On savait qu'il y avait eu des américains durant la guerre de 14, que les gens plus aisés de Périgueux venaient danser sur les bord de l'Isle. Mais moi c'était très rare. Je n'avais pas le droit de traîner dans les rues qui n'étaient d'ailleurs pas encore goudronnées et très mal éclairées. »

Cette année-là les Français découvrent les congés payés. C'est l'été, un bel été. Sur le boulevard du Petit-Change les forains se sont installés car c'est la fête annuelle. La voici propulsée sur une scène improvisée pour la circonstance avec le maire de Boulazac, Joseph Saint-Martin. « Ce sont des copines qui m'ont fait monter sur le plateau du camion. Je ne savais pas pourquoi. J'étais obéissante » explique aujourd'hui Suzette. La foule applaudit à tout rompre ; la voici élue Reine de la Cité Bel-Air. « Le maire m'a félicité, m'a embrassé, on a bu un verre et puis c'est tout... » rapporte-t-elle entre embarras et fierté.

Ce dont Suzette se rappelle c'est cette première semaine de congés payés que beaucoup passèrent sur les bords de l'Isle, justement à la Guinguette : « C'était formidable, c'était nouveau, on pensait même que ça ne durerait pas... »

Cet été 1936, les bords de l'Isle sont envahis par une joyeuse population. L'accordéon résonne sous les arbres surpris par cette animation nouvelle. Suzette évoque les fameux goujons accompagnés d'un petit vin blanc, le bateau qui permettait de relier les deux rives.

Suzette a été marqué par la déclaration de guerre : « C'était un dimanche après-midi, j'étais pour une fois à la guinguette, on dansait et j'avais pas encore dix-huit ans. Un gars est arrivé et a dit que la guerre était déclarée. On s'est arrêtée de danser, la musique s'est éteinte. Je suis rentrée chez moi très inquiète car je me demandais ce qui allait arriver. » Suzette Graffeille s'arrête et semble plongée dans son passé : « Oui, j'y pense encore... Personne ne s'imaginait à ce moment que nous pouvions voir les Allemands ici, chez nous. »

Justement, les Allemands arriveront dans le quartier à la fin de l'année 1942 après avoir envahi la zone dite libre. Suzette se rappelle quand, revenant de son travail, au détour de la place Faidherbe, elle avait vu la première voiture avec des Allemands guillerets et affichant une belle morgue dans leur costume impeccable et couvert d'imposantes casquettes. Ils rejoignaient la caserne du 35ème d'artillerie où ils allaient s'installer. « Oh à cette époque on faisait pas les fanfarons » dit-elle.

Suzette travaillait dans une petite entreprise de tricots en bas du Parc Gamenson : « Pour y aller je devais franchir des chevaux de frises que les Allemands avaient installé pour se protéger. Ça me retardait mais ceux-ci étaient corrects avec moi. »

A l'été 1943 elle se marie parce que c'était son sens de l'histoire, de son destin. « J'avais rencontré mon futur mari à Barnabé et je ne me suis pas posée de question. C'était comme cela : un métier, un mari et des enfants que voulez-vous ! » dit-elle aujourd'hui avec une certaine résignation. Combien d'enfants de cette époque ont trouvé l'âme sœur ou le bras courageux pour entretenir la flamme d'une vie cadenassée par les obligations et les contraintes au bord de l'Isle, dans cette guinguette ?

En janvier 1943, le gouvernement de l'État de Vichy institue le Service obligatoire du travail pour l'Allemagne. Le mari de Suzette qui a tout juste vingt ans est convoqué à l'hôpital de Périgueux situé rue Wilson pour des examens en vue de son départ. Suzette se fait un peu prier pour raconter ce qu'elle appelle un « secret de famille ». Ecoutons-là : « J'avais un neveu qui avait du diabète. Il le traitait avec de l'insuline. J'ai versé dans la petite bouteille d'urine de mon mari l'urine de mon neveu. Le docteur n'a rien vu et l'analyse a conclu que mon mari n'était pas apte au Service du travail obligatoire. J'ai fait ce que j'avais à faire. J'avais besoin de mon mari pour élever mes deux enfants qui allaient arriver. »

« A la Libération j'étais heureuse comme tout le monde. Mais on pensait surtout à faire bouillir la marmite et à avoir un travail. Tout ce que je me rappelle, ce sont les femmes tondues, derrière le palais de justice. Ce n'était pas très joli à voir. Je suis rentrée chez moi.

Dés 1951, en épouse fidèle et convenue elle suit son mari qui travaille dans une imprimerie. Ils partent habiter de l'autre côté, à l'Arsault. Clap de fin pour La Cité Bel-Air et Barnabé. « On y reviendra quelquefois mais pas souvent. On se consacrait au travail et à nos enfants » dit-elle. D'ailleurs, durant vingt ans Suzette assurera le foyer familial avec une dévotion respectueuse. Elle reprendra une activité, à la fromagerie Bongrain qui était au bas de l'Arsault et qui devait déménager à Marsac-sur-l'Isle. Mais, son époux considérant la chose trop éprouvante pour elle veillera à ce qu'elle arrête.

C'est en 1971 que son époux perd son travail puis décède d'un accident. Les enfants sont presque grands mais elle reprend divers travaux pour leur assurer un meilleur confort. « C'était ainsi et je trouvais cela normal » conclut-elle.

Et puis, les choses bien ordonnées, la retraite parvenue,

Suzette se découvre une âme de voyageuse. C'est sa fierté : « Je suis parti aux Amériques, au Canada, en Italie, Hollande... Avec mon argent sans rien demander. J'en ai bien profité. Ce sont de bons souvenirs. Je ne suis pas malheureuse » nous livre ce petit bout de femme au caractère bien trempé, à l'obéissance parfaitement organisée et qui a appris à regarder son passé sans nostalgie mais la certitude d'avoir bien agie.

Alors, bien sûr, quand on revient sur le quartier de son enfance, celui de la Cité Bel-Air, ses yeux se figent, son corps ramassé sur le fauteuil comme des feuilles jaunies dans une cour d'école, son digne mutisme nous signifient combien les temps ont changé. Si les amours de Barnabé peuvent être beaux, et ils le sont, ils sont aussi un jardin que les vertus et la tâche entretiennent et rendent ainsi plus supportables.

Presque deux heures sont passées. Suzette sait qu'elle a d'autres choses à raconter et nous demande si on va revenir. « Oui, madame Graffeille » lui répond le caméraman qui la filme, Francis Desage. Autour de nous les spectateurs, résidents et personnels sont délivrés du silence imposé. L'humeur est badine. D'un siècle, l'autre, le voyage peut continuer.

Décédée le 31 mai 2014

- ▼ -

Jeanne Grillon

Jeanne Grillon

A 88 ans, Jeanne Grillon affiche un goût de vivre et une mémoire étonnants. Du Front populaire à l'attentat qui a frappé Charlie hebdo ce petit bout de femme, toujours au fait d'un monde en marche, pétille d'intelligence et de charme. Elle fut une des visiteuses de la guinguette de Barnabé et en a gardé l'enthousiasme joyeux. Une femme passionnée qui fut, aussi, une résistante espiègle.

« Ah c'est que monsieur Léopold, c'était quelqu'un ! » Jeanne Grillon la mémoire parfaitement entretenue comme son allure de femme qui ne lâche rien face à la vie se rappelle bien celui qui donna à la célèbre guinguette de Barnabé ses plus belles lettres de convivialité. C'était dans un temps qu'elle a su maintenir éveillé ; les années trente finissantes sur le grand malheur de la guerre. « Monsieur Léopold » est la seconde génération qui avait pris la suite dans des conditions dramatiques, la noyade du créateur du lieu. C'était en 1935.

Jeanne Grillon est née en 1926, à Saint-Pardoux-la-Rivière, dans ce que l'on appelle le nord de la Dordogne. Son père était à la compagnie du chemin de fer du « Paris-Orléans ». Lors des grandes grèves de 1920 il fut révoqué et entra aux chemins de fer départementaux comme chef de dépôt à Saint-Pardoux-la-Rivière puis aux Jalots sur la commune de Trélissac. C'était le temps du « tacot » comme disent les vieux périgourdins ; un ensemble de lignes de chemins de fer qui reliait les grosses communes du département. Un emploi arraché par la famille Bonnet qui régnait sans partage dans cette contrée, et Léon Sireyjol l'inamovible président du Conseil général.

Voici Jeanne arrivée à Périgueux. Ou juste à côté. Nous sommes déjà en 1935. La guinguette est déjà le lieu de rencontres des Périgourdins et même davantage encore. Aujourd'hui, bien calée dans son fauteuil, près de sa cheminée, Jeanne jongle avec les souvenirs, flamboie quand elle évoque ce légendaire front populaire : « Ce fut une époque merveilleuse. On ne faisait pas trop grève aux chemins de fer départementaux car c'était un moyen de locomotion pour les manifestants qui venaient à Périgueux. Sur les boulevards on entendait chanter l'Internationale et les poings étaient levés. Mais c'était sans violence. On avait peint le portail d'un voisin en blanc parce qu'il avait voulu se faire prêtre… » Et Jeanne de poursuivre : « 1936 ? Avec les deux semaines de congés payés c'était Noël ! »

Durant les années trente c'est son papa qui lui fait l'école : « Jusqu'à mes dix ans mon papa avait décidé de me faire l'école car il n'y avait pas d'établissement à proximité de la maison. Ensuite, plus grande je suis allé à Périgueux. »

Elle entend parler de la guinguette séparée de la maison familiale par la rivière l'Isle. « C'était la promenade du dimanche avec mes parents. Nous prenions le bateau et c'était déjà une expédition. Nous étions insouciants. Autant dire que la guerre nous a surpris. J'avais quatorze ans. Il y a eu la défaite mais nous étions en zone libre. En juillet 1940 nous sommes allés voir mon parrain qui vivait à Vichy. L'ambiance me semblait lourde car habituellement nous y allions en août. Je m'interrogeais sur ce changement. Quand nous sommes arrivés, mon parrain a dit : « le vieux nous a vendus ». Le « vieux » c'était Pétain.

A 17 ans Jeanne entame sa carrière professionnelle : « J'ai été embauché en 1943 à la subdivision militaire. Celle-ci se situait dans les casernes du 35ème régiment d'artillerie, dans le quartier de Saint-Georges. J'étais dactylo. Nous assurerions l'approvisionnement des chantiers de jeunesse après que l'armée d'armistice fut dissoute à l'arrivée des Allemands en novembre 1942. »

Jeanne vit chez ses parents, aux Maurilloux. Les Allemands s'installent dans les casernes, tout prés de là où elle travaille. L'adolescence insouciante elle peint des croix de Lorraine sur ses murs avec des craies achetées dans un magasin là où aujourd'hui se situe l'opticien Lachal : « on s'amusait et on voulait s'exprimer. Ce n'est pas de la résistance » dit-elle avec simplicité. « Un soir nous avons inversé au bas de la rampe de l'Arsault des panneaux indicateurs pour tromper les allemands. Là, peut être, avons nous eu de la chance… » avoue Jeanne, aujourd'hui presque confuse par cette témérité.

Les soldats allemands se rendaient souvent au magasin Monoprix de Périgueux et Jeanne raconte cette anecdote : « J'avais des croix de Lorraine dans la main. Je faisais semblant de tomber et je poussais les soldats avec la main en veillant à poser la croix de Lorraine dans leur dos, comme des poissons d'avril. Ils repartaient avec la croix de Lorraine dans le dos. » Sacrée Jeanne !

Le 11 novembre 1943, écoutant la radio de Londres elle apprend l'appel à manifester de la meilleure façon l'armistice de la Grande Guerre. Jeanne se rend au monument qui est face à la préfecture et dépose des fleurs. Toujours avec un sourire complice : « On n'a pas vu un chat ! »

Elle se rappelle fort bien Michel Hambrecht, le patron de la gestapo locale : « Il venait de temps en temps car il était persuadé que nous cachions de l'essence dans des caves qui n'existaient pas. Une fois, je m'étais rendue au siège de la Gestapo, près de La Poste, pour prendre des nouvelles d'une de mes amies qui avait été arrêtée. Me voyant il me lança : « Foutez le camp ! »

« Quelques semaines auparavant je m'étais rendue à Saint-

Pardoux-la-Rivière, dans ma famille ; j'ai assisté durant la nuit à un parachutage de container ; je suis revenu à Périgueux avec des produits inconnus tels que chewing-gum, café soluble, un réchaud portable… »

Au fur et à mesure des récits on se prend à frissonner pour Jeanne. L'innocence de l'adolescence l'a sauvé car ce fut autant de raisons de se retrouver en camp de concentration.

Et la guinguette dans tout cela ? « Durant l'occupation, raconte Jeanne, nous allions le dimanche à Barnabé pour nous baigner. Avec les restrictions et les risques causés par un déplacement, c'était un moment de détente. On retrouvait les Alsaciens réfugiés depuis 1939 et qui étaient restés. Il y avait aussi des Allemands qui venaient apprendre à nager. On ne se mélangeait pas. Ils n'étaient pas désagréables mais ils nous occupaient et on ne l'oubliait pas. Monsieur Léopold surveillait tout cela de près. Quand un jour, le moniteur allemand présent m'aida à sortir de l'eau alors que j'étais en difficulté, je ne sais même plus si je l'ai remercié mais je suis parti aussitôt. »

En cet été 1944, Jeanne est toujours dactylo à la subdivision militaire. En juillet elle voit arriver un camion et une voiture avec une dizaine de résistants qui venaient à la barbe des Allemands tout proches pour prendre du ravitaillement stocké à la subdivision. Elle est enfermée dans un bureau jusqu'à huit heures du soir. Il y avait déjà des signes de la débâcle allemande ; mais ils ont eu de la chance. Les fameux Géorgiens qui accompagnaient les Allemands n'étaient pas tendres. Ils interdisaient tout trafic autour de la caserne.

Le 14 juillet, toujours à l'appel de Radio-Londres, Jeanne s'habille aux trois couleurs de la république et, en vélo-taxi, traverse le centre de Périgueux. Rue de la République, sous les applaudissements des passants, elle se trouve face aux allemands. Le destin est avec elle, ceux-ci ne bougent pas. Jeanne se réfugie presque naturellement à la guinguette de Barnabé. « Oh mais je n'étais pas toute seule ! » dit-elle en souriant.

Dimanche 20 aout 1944. La veille, les maquisards étaient

entrés dans Périgueux ; les Allemands avaient fui vers Saint-Astier. Il faisait une chaleur accablante et dans toutes les maisons la liesse de la Libération était à son comble. Jeanne est toute à sa joie ; elle « monte » en ville. Les terrasses des cafés sont bourrées à craquer. Les serveurs sont dépassés. Sur la place de l'hôtel de ville les collaborateurs avérés ou prétendus sont amenés. « Ce jour-là, dit-elle, il ne devait pas y avoir beaucoup de monde à Barnabé durant la journée. » Jeanne qui a toujours une grande intelligence et une sensibilité certaine ne manque pas de deviner les « résistants de la vingt-cinquième heure » et les tristes règlements de compte personnels qui se révèlent : « l'heure était à la joie et, par la suite, tout ceci fut bien gardé. »

Jeanne, qui a dix-huit ans à ce moment-là, ne rentrera pas de la nuit. « Mes parents ne me demandèrent rien... » explique-t-elle maintenant.

Les jours qui suivirent furent une suite de bals et de fêtes. A Barnabé, à la guinguette, on dansait jusque sur la terrasse en surplomb où on avait le plus grand mal à accéder. En ville, au casino de Paris, mais aussi à la salle Secrestat, sur les places, accordéonistes, trompettistes et batteurs n'arrêtaient pas de faire danser.

Toujours employée à la subdivision, jouxtant le lieu du martyr des 45 otages fusillés entre le 15 juin et le 17 aout, Jeanne est convoquée au moment où l'on ouvrit les fosses où séjournaient les corps : « C'était une semaine après la libération. J'étais trop jeune et mon père s'offusqua de ma présence. J'ai eu envie de vomir et je suis parti. Les corps étaient mélangés avec un cadavre de cheval. Je me rappelle que l'un des résistants fut identifié grâce à une de ses chaussures tant les corps étaient en décomposition. »

Le regard de Jeanne, cette fois, semble étranger à notre présence. Elle se reprend : « Mais, c'était la Libération... »

A la sortie de la guerre, Jeanne se marie, une première fois. Elle devient auxiliaire puéricultrice à l'hôpital de Périgueux qui venait d'être transféré de la rue Wilson à l'emplacement où nous le connaissons aujourd'hui. Ce sont les années de la reconstruction et il faut travailler dur. Le travail, les enfants, la vie quotidienne reprennent leur place.

Jeanne : « La guinguette restait notre lieu de promenade et de détende. Je m'y rendais, pour danser, le mercredi, le jeudi et le samedi, le soir. J'y ai rencontré mon premier époux. Je veillais à arriver toujours avant le début du bal. On flirtait en se prenant par la main. Monsieur Léopold veillait au grain. Il connaissait presque toujours les parents… » Un « Monsieur Léopold » qui lui offrit l'orchestre le jour de son mariage.

Jeanne se remémore le succès musical de la Libération : *une fleur de Paris*. Une chanson créée par Maurice Vandair et Henri Bourtayre et que chantait un certain Maurice Chevalier. Une partition que les Françaises et les Français découvraient sous la houlette de Jacques Hélian et son grand orchestre. Jeanne fredonnait cet air qui redonnait à toute une nation la bonne humeur, la joie de vivre. Jeanne se rappelle les mots simples, l'air entrainant et facile à retenir.

« Ce fut l'hymne de la Libération, un chant patriotique qui exprimait la joie et la liberté retrouvée après les quatre années d'occupation et qui était sur toutes les lèvres » conclut Jeanne.

Voici plus d'une heure que Jeanne nous a pris la main pour visiter ce passé qui devient ainsi aussi un peu le nôtre. Au début des années quatre-vingt-dix elle épousera Louis et prendra son nom : Grillon. Un historien connu et réputé pour son érudition. Une seconde fois, la maladie faisant son œuvre, elle se retrouvera seule, au bout d'une trentaine d'années de vie commune.

« C'est au milieu des années quatre-vingt que la guinguette connaîtra, selon elle, son déclin. La mode avait changé et la disparition de « Monsieur Léopold » a marqué ce changement. Il n'y avait plus le même intérêt pour ce divertissement. » Jeanne se fait mélancolique : « C'est dommage… »

— Voulez-vous un café, un rafraîchissement ? lance Jeanne en se redressant de son fauteuil marquant avec élégance que, peut être, nous voulons partir.

— Non, répond Francis Desage, le président des Amis de Barnabé qui a enregistré sur sa caméra cette plongée dans l'histoire.

Jeanne nous raccompagne jusqu'à la rue, avec sa canne à l'allure plus biblique que thérapeutique.

— Vous me montrerez les photos et l'enregistrement.

Ce n'est pas une question. Pas, non plus, un ordre. L'espiègle résistante, fleur de paradis aussi, parle avec l'autorité bienveillante de celle qui invite au respect affectueux. Nous voici, Francis et moi, comme deux enfants qui sont venus chercher la balle envoyé dans le jardin de la voisine.

— Oui madame, disons-nous de concert la tête presque basse.

Me revient cet extrait de *Fleur de Paradis,* une autre chanson de la libération : « Le nez dans une pluie d'étoiles, dans ces soirées, il ne lui reste que des souvenirs enfuis... »

- ▼ -

Lisiane Labrot

Lisiane Labrot

Issue d'une famille de résistants et militants communistes, Lisiane Labrot, ancienne élue à la mairie de Boulazac, est une femme engagée pétillante et volontaire. Du club des jeunes qu'elle a créé à celui des aînés qu'elle anime

En se promenant dans le quartier de la Cité Bel-Air on ne peut manquer la place Marcel Labrot. C'est le grand-père de Lysiane. Il est né à Périgueux en 1901 et décédé à Boulazac en 1956. Ce fut un militant syndical et politique en un temps où le sens de l'histoire s'inscrivait dans l'engagement pour des valeurs, pour des idées et une certaine conception du monde. Une véritable école de la vie.

Marcel Labrot, employé à la Compagnie de chemins de fer du Paris-Orléans quittera Périgueux pour travailler au Maroc puis dans le Nord de la France quand le Front populaire fit les nationalisations et créa la Société Nationale des Chemins de Fer français où il sera roulant.

En novembre 1943, alors qu'il conduit un train, il est victime d'un attentat par la Résistance et ses deux jambes sont sectionnées. Il achèvera sa carrière à Périgueux. Il entra au Parti communiste français au début des années trente. Proche de Jean Lajoinie et Lucien Dutard il deviendra conseiller municipal puis maire-adjoint de Boulazac de 1947 à 1956.

Lisiane est aussi liée, du côté de sa grand-mère, une « Lacueille » à un autre résistant : Gabriel Lacueille. Ce dernier, membre du groupe de l'Armée secrète Roland, fut arrêté par les Allemands dans un bar de Périgueux au printemps 1944 alors qu'il avait pris part à une tentative d'enlèvement du chef de la police allemande en Dordogne. Il fait partie des 24 suppliciés du 12 août 1944, une semaine avant la libération, dans les casernes du 35ème Régiment d'artillerie. Une rue porte son nom à Périgueux.

De même, la famille Labrot hébergea, naturellement, des familles d'Alsaciens réfugiés durant la guerre. On avait le sens des responsabilités et de la solidarité. On avait traversé le temps des grandes grèves, le Front Populaire et la défaite de l'été 40, et les convictions mises à rudes épreuves ne faillirent jamais.

C'est dans cette forge que Lisiane est née, en 1951 sous le signe du poisson. Un 21, comme le chiffre de l'adresse familiale située rue des Belges, dans le haut du quartier, à la lisière de l'ancien camp américain. Si la mère était employée de banque à Périgueux, le père était secrétaire de la mairie établie en annexe dans le quartier, là où actuellement se trouve la Maison des associations. Le quartier de la Cité Bel-Air était de loin le lieu le plus peuplé de la commune et il était naturel qu'il en soit ainsi. Lysiane se rappelle la ruche qu'était cette annexe composée de deux bureaux, d'un accueil et d'une salle de réunion. « C'était là que battait le cœur de Boulazac » dit-elle.

Alors, aujourd'hui transplantée à Château-L'Evêque, à quelques dizaines de kilomètres de la Cité Bel-Air, l'ancienne Maire-adjointe de Boulazac, entre 1983 et 1995, de Lucien Dutard à Jacques Auzou, conserve toutes ses attaches et vient chaque semaine dans le quartier, au Club Sourire qui réunit les anciens.

« Ma famille est arrivée dans les années trente à la Cité Bel-Air. Je sais que dans la famille Lacueille on travailla durement pour acquérir quelques parcelles de maraîchage. Chez les

Labrot, il en fut de même pour acquérir le terrain et construire la petite maison familiale. La situation physique de mon père, au lendemain de la guerre, ne lui permit pas, peut-être, de réaliser tous ces rêves. Mais, sincèrement, je fus une enfant heureuse. Le quartier était un gros village et nous y vivions entre nous au rythme des évènements familiaux. J'ai, bien entendu, fait toute ma scolarité dans les écoles de la Cité Bel-Air. A l'âge de quinze ans j'avais créé un club de jeunes qui permettait de se retrouver autour d'activités. Maintenant, ce ne serait pas possible. Chacun vit replié sur lui. »

Alors, aussi, Lisiane se rappelle les lieux magiques qui constituent aujourd'hui un imaginaire, une identité propres au quartier. Si elle avoue ne pas avoir vraiment usé ses fonds de jupes à la Guinguette – « c'était plutôt pour les parents » dit-elle – si le Moulin Rouge est tout aussi nébuleux, Lysiane se rappelle l'intense vie qui régnait autour des nombreux bars, épiceries et autres commerces : « Tout cela a disparu à partir du début des années soixante-dix » semble-t-elle regretter. Elle se rattrape quand elle raconte les fêtes du quartier avec les forains, les bals, les retraites aux flambeaux, les courses cyclistes organisées par les riverains et toujours avec le soutien de la municipalité.

Un boulot dans le monde bancaire à Périgueux, un mariage, deux enfants – Christophe et Myriam - et puis la vie façon Jean Ferrat : « Pouvoir encore partager, ma jeunesse, mes idées... » Venu le toujours embusqué temps des épreuves qui s'accompagnent de solitudes elle quittera son quartier pour la campagne. Mais, elle restera très présente dans la vie associative et assure aujourd'hui le secrétariat de l'association Sourire qui réunit les anciens de la commune.

Enfant, Lisiane a lu le journal tutélaire du PCF, Vaillant, pendant que ses parents lisaient l'Humanité. Elle se rappelle les réunions de « cellule », celle du « Parti », celle de Boulazac, celle de la Cité Bel-Air dans les faits, puisque l'ambiance enfumée et enfiévrée des rassemblements s'enflammait dans la salle de réunion de la mairie annexe. C'est un des ADN du quartier que cette filiation entre le monde ouvrier et celui qui fut le premier parti de France. « C'était, explique Lysiane, la cellule la plus importante du département, la puissante figure de Lucien Dutard amenait là tous les caciques du département et même de Paris quand le temps des élections se profilait. » Le parti, à cette époque, ne pouvait être qu'une affaire de famille, une lutte aux avants postes du progrès et la plupart des militants, la main sur le cœur, ne se souciaient guère des enjeux politiciens. C'est aussi l'époque du Secours Populaire français qui œuvrait sur le terrain à l'amélioration matérielle des familles. C'était, encore, le temps des amitiés France-URSS avec ses conférences et ses voyages dont, au final, peu bénéficiaient. Il y a dans le propos de Lysiane les mots de Jean Ferrat : « C'est un joli nom camarade… » C'est aussi, dans ce champ clos de la Cité Bel-Air, le récit de Michel Buenzod – *Le temps des camarades* – récit d'un itinéraire communiste de l'antifascisme au titisme.

Mais, c'est en 1983, à trente-trois ans, que Lisiane prend sa carte, pour se lancer dans la bataille des élections municipales sur Boulazac. « C'est Lucien Dutard et Jacques Auzou qui m'ont convaincue. Ce fut une belle victoire et un travail harassant mais exaltant. J'avais la charge des affaires sociales et j'ai pu aussi suivre la gestation du quartier de l'Agora qui, de mon point de vue, est une réussite exemplaire. » Lysiane reconnaît que cette révolution urbanistique et historique a été un choc pour le quartier de la Cité Bel-Air qui perdait sa prépondérance et s'est assoupi durant deux décennies. La dernière fête date de 1984 ; cette année-là, elle a été déplacée au nouveau centre ville Agora. Lisiane reprend : « Lorsque je vois tous les travaux actuellement engagés je crois pouvoir dire que c'est une façon de rééquilibrer les choses ; c'est, je crois, la première fois que je vois autant d'intérêt porté à ce quartier qui a su, aussi, conserver une grande partie de son identité. »

Il y a de la nostalgie lorsque Lysiane évoque Lucien Dutard, maire protecteur, le patriarche, qui, selon elle, écrivait des chansons pour Brel et Brassens. Il y a aussi de la mélancolie lorsqu'elle se rappelle qu'elle « connaissait tous les gens et tous les…chiens de la Cité Bel-Air », lorsque, encore, elle se remémore les « ranchs » de la rue des Belges aujourd'hui disparus, lorsque, aussi, surgit l'image de cette femme, une voisine, un peu trop portée sur le vin blanc et que l'on ramenait fraternellement chez elle, et, enfin, les gens du voyage très croyants qui passaient pour leur commerce et faisaient à chaque passage un don et des prières pour l'enfant trisomique d'une famille du quartier. La couleur sépia se détache mais sans éteindre la couleur de braise qui scintille dans les yeux de Lysiane.

Cette femme vaillante, passionnée par les animaux, les cheveux en bataille et le cœur assez joyeux pour s'affranchir des doutes sans lendemain se rappelle-t-elle la figure ineffable et pleine d'humour du chien Pif mais aussi de Jean-Pierre Gavroche – «Grêle 7/13» - un héros reconnaissable à ses taches de rousseur, 7 sur la joue droite, 13 sur la Joue gauche – figure emblématique d'une résistance bien ordonnée en noir et… rouge qui fit les heures de gloire de la presse enfantine des entre 1952 et 1969 ? Tout autant, reste-t-elle guidée par le Feu de joie d'Aragon ? Assurément. On aimerait glisser à Lysiane les derniers mots du poète à l'attention d'Elsa : « Il advint qu'un beau soir l'univers se brisa sur des récifs que les naufrageurs enflammèrent ; moi, je voyais briller au-dessus de la mer les yeux d'Elsa, les yeux d'Elsa, les yeux d'Elsa. » Poussière d'une éternelle étoile de ce quartier de la Cité Bel-Air décidément si solidement ancré dans son histoire qui ne peut être que celle d'une humanité toujours en errance.

- ▼ -

Jean-Emile Lachaud

Jean-Émile Lachaud

C'est la main sur le cœur que Jean-Émile Lachaud raconte son histoire et celle du quartier de la Cité Bel-Air où il a passé son enfance et où, aujourd'hui, il pratique une retraite active, dans l'ancienne épicerie tenue par sa mère. Un récit où se mêlent l'atmosphère de Jean Giono et des personnages à la Marcel Pagnol.

A Boulazac, dans ce désormais fameux quartier de la Cité Bel-Air, à l'angle des rues du Canada et de Vauquois, longée sur sa droite par l'impasse de la Somme, la maison de Jean-Emile et Anny Lachaud n'a presque plus rien de l'épicerie et du bar qui, entre 1965 et 1971, entretenait une vie que l'on ne peut plus imaginer aujourd'hui. Soyons justes, Germaine, la mère de Jean-Émile avait repris ce commerce qui existait depuis 1937 à l'initiative de Jean Beharelle, un ancien militaire réformé. Entre cette date et 1944, année où la famille Lachaud acquiert le bâtiment, il y aura trois propriétaires successifs. Germaine Lachaud rajouta un bar comme il y en avait tant dans le quartier, pour une clientèle de fidèles qui étaient souvent des amis. C'était le temps où l'Etoile Sportive de Boulazac y tenait ses réunions.

C'est en 1980 que Jean-Émile et Anny retrouveront et aménageront les locaux en une coquette maison. Une maison qui a conservé quelques traces de l'ancien baraquement sur lequel elle se trouve.

Né l'année de la Libération, Jean-Émile a grandi dans ce quartier qui avait conservé les vieux baraquements des Américains et où s'étaient établies quelques rares maisons d'habitation. Il fréquenta tout d'abord l'école maternelle du Petit-Change aujourd'hui disparue, puis l'école primaire de Saint-Georges et enfin l'école Albert Claveille où Jean-Émile s'attacha à une formation de ferronnier.

« Nous vivions en communauté, raconte Jean-Émile, les familles occupaient les anciens baraquements américains dont les logements étaient délimités par des intervalles de piles en ciment ; l'importance du logement dépendait du nombre de piles le composant ; il n'y avait aucun mur porteur et la présence de mâchefer évitait toute humidité. C'était d'une solidité à toute épreuve. Les conditions sanitaires étaient spartiates et ne changèrent vraiment qu'à partir du début des années soixante. Longtemps, les toilettes furent celles installées par les américains en 1917 dans les jardins. Dans certaines familles, le soir venu, on aménageait des lits jusque dans la pièce principale afin que tout le monde puisse dormir. Et le matin tout était replié afin de pouvoir effectuer les activités quotidiennes. »

Jean-Émile rappelle que le Jokari, ce jeu de balle reliée à un bloc de bois par un élastique, qui a amusé des générations d'enfants, était fabriqué à la Cité Bel-Air ; l'entreprise, la « Cancha », était un atelier de jouets en bois. Il évoque aussi l'odeur javellisée qui flottait dans le quartier où il y avait une usine de chlore. Il se rappelle également d'une fabrique de fauteuils de cinéma.

Dans ces années cinquante, l'épicerie « Lachaud » était, autant un décor à la fois merveilleux et inquiétant par toutes les tentations qui s'y exposaient de manière ostentatoire. Magique, car dans ce décor se mêlait sur les étagères et étals en bois tout ce que bien des familles n'avaient pas à la maison. Entre les boîtes de bouillon Maggi, celles du fameux chocolat Banania où figurait le célèbre tirailleur sénégalais cher au dessinateur Giacomo de Andreis et qui avait, dés juin 1940 installé son usine à Limoges pour échapper aux Allemands, ou encore la chicorée créée en 1840 par Jean-Baptiste-Alphonse Leroux, les boîtes jaunes de Ricola, les emballages à carreaux bleus des pâtes Lustucru, les serveurs à tabliers, la caisse enregistreuse en fer et la luminosité en clair-obscur d'une boutique qui pour les plus petits paraissait immense.

Il y avait, évidemment, les tentations occasionnées par la vision des berlingots et les fameuses « surprises » qui accueillaient dés l'entrée en faisant des clins d'œil tentateurs. Jean-Émile se souvient : « l'épicerie, à l'époque, assurait la vente de beaucoup de produits en sacs posés devant le comptoir, les pois cassés, la farine, le blé, le sucre... La spécialité des enfants était de plonger un doigt mouillé dans le sac de sucre puis de le lécher et ainsi de suite jusqu'à ce que l'épicière nous vire après nous avoir vus. »

A cette époque, l'épicier tenait pour bien des familles un carnet où était noté chaque achat et, en fin de mois, quand le salaire était arrivé chacun réglait ce qu'il devait.

Et le bar, avec ses deux grandes tables en bois massif entourées de chaises, l'ambiance enfiévrée et enfumée, des parties de belote ou des réunions de l'Etoile Sportive de Boulazac où défilaient les « gloires » du dimanche après-midi et que l'on savait pouvoir trouver ici.

Il y avait aussi le ballet des camions de la maison « Fayard et Bellinet » dont le livreur faisait rouler les barriques de vins de la rue jusqu'à la cave et dont le breuvage – rouge, blanc ou rosé – délierait les langues.

Germaine, en femme avertie, avait mis le commerce en gérance pour s'occuper de ses trois enfants et de sa mère comme cela se pratiquait à l'époque. Quatre gérants se succédèrent. Le père, Louis, possédait un atelier de plomberie et zinguerie, dans le vieux Périgueux, rue Aubergerie. Tous deux avaient ainsi une vie bien réglée qui ne les a jamais éloignés de la Cité Bel-Air. En 1955, Louis bâtit une maison, au 12 rue de la Somme ; il y louera ainsi des appartements afin d'assurer l'avenir.

Jean-Emile se rappelle fort bien l'arrivée d'un certain « Maître Martin », mandataire judiciaire qui défraya la chronique judiciaire à partir des années quatre-vingt-dix. « Il arrivait de Besançon avec une Peugeot 203 ; un événement, car il y avait encore peu de voitures dans le quartier » complète aujourd'hui Jean-Émile.

C'est au décès de Germaine, en 1971, et avec l'arrivée des grandes surfaces que la magie de l'épicerie et du bar s'est éteinte. Le père de Jean-Émile, Louis, est décédé en 2006.

Jean-Emile a quitté pour quelques années le quartier.

En 1955, il se rappelle les personnages à la « Pagnol » qui donnaient tant de vie à une époque où tout le monde connaissait tout le monde. C'était encore le temps des « familles nombreuses ». Chaque année, c'était la fête locale, en bas de la rue de la Somme où un certain « Zillou » chantait pour un verre de vin ; et il chantait souvent...Il y avait un dénommé « Capette » qui de façon très grivoise disait : « C'est moi Capette qui pue et qui pète, qui prend mon cul pour une tripette et mes fesses pour une sucette. » Ou, encore « Pique-Fraise » lequel vivait dans une caravane prés de la Guinguette de Barnabé et se régalait des films porno programmés au cinéma Le Rex à Périgueux ; il vivotait de sa pêche. Jean-Émile raconte aussi le fameux Gaby, surnommé Tarzan car il habitait dans un arbre, toujours prés de la rivière. Nous étions dans les années soixante. Malheureusement on lui brûla sa cabane et Tarzan a disparu.

C'était encore l'épicerie « Coursier » et aussi le restaurant ouvrier tenu par Eugène Coursier, naturellement baptisé Gégène, en haut de la Cité Bel-Air, là où se trouve aujourd'hui le garagiste Jean-Pierre Durand : « Chez Gégène c'était un sale bouge à souhait avec la réputation de la cantine ouvrière où soi disant les os de déchets du midi faisaient la soupe du soir. »

Il y a encore cette histoire, qui est peut être une légende, d'un enfant abandonné par une danseuse du cabaret Le Moulin Rouge qui ouvrait sur le Boulevard du Petit-Change dans les années trente. « On n'a jamais su vraiment si c'était vrai… » souligne Jean-Émile.

A la sortie de la guerre et jusqu'au milieu des années soixante les rues étaient recouvertes de castine et il y avait très peu de circulation ; les enfants se retrouvaient dans la rue, notamment autour d'un ancien lavoir construit par les américains, à l'angle des rues de Chicago et Roger d'Abadie. Jean-Émile : « le lavoir avec ses quatre grands bacs a disparu mais il reste encore un pan de mur en parpaing et mâchefer. »

Aujourd'hui encore, le petit Jean-Émile rêve sur la Porsche du vendeur de voitures d'occasion qui se trouvait là où aujourd'hui se situe la Résidence Floride et qui lui rappelait la Porsche de James Dean, acteur américain et symbole d'une jeunesse trépidante qui traduisait si bien cette époque de l'après-guerre.

Il se rappelle aussi la splendide voiture Ford Vedette retrouvée dans la série télévisée « Les enquêtes du commissaire Laviolette » dont les histoires se passent dans les années soixante. Les yeux de Jean-Émile pétillent et les bras accompagnent les mots pour mieux nous guider dans ses émotions qui sont surtout une nostalgie joyeuse.

Et, bien entendu, il y avait Barnabé et sa guinguette : « On était coquin, explique Jean-Émile, nous avions une lime à ongle pour déclencher le mécanisme du babyfoot et jouer sans payer. Le Père Foussard le savait et nous laissait faire quelques parties puis il arrivait et nous disait que maintenant il fallait quand même payer… »

Jean-Émile se remémore aussi que « dans les années soixante-dix est arrivée une bande de Périgourdins connue pour ses activités un peu louches et son côté flambeur. Cette bande savait attirer les belles filles et nous, ceux du quartier, nous nous sentions écartés. Le Père Foussard, toujours lui, a fait en sorte que les choses ne débordent jamais. Peu à peu cette bande s'est retirée sur d'autres lieux, notamment les boites de nuit qui venaient d'ouvrir à Périgueux. »

Jean-Émile se remémore encore lorsque Alain Distinguin, champion de France « nage papillon 1952 » venait le dimanche, et sautait du grand plongeoir haut de cinq mètres sous les applaudissements de ses fans. Une véritable attraction qui était attendue.

Jean-Émile a, comme on dit, roulé sa bosse pour entrer finalement dans la police et achever sa carrière au commissariat de Périgueux en 1995. Avec Anny, son épouse, ancienne miss Maurilloux, il a eu un fils. Très actif dans le monde associatif, notamment sportif, Jean-Émile ne se voit pas ailleurs que dans ce quartier même si les évolutions du temps lui ont enlevé bien de son esprit, de son identité.

Mais, étonnamment cette mémoire semble perdurer et les noms de famille sont bien souvent les mêmes depuis deux ou trois générations : « On trouve toujours les familles Chaunavel, Rondet, Fayol, Combescot, Magne, Cagnon, Delamare, Georgevail, Pradier ou Moreau… » Tous, on pourrait croire, comme l'écrivit Jean Giono sont des « Voyageurs immobiles » dans son roman L'Eau Vive. Cette contradiction littéraire signifie la dualité des choses, des gens et du monde ; c'est aussi l'appel à dépasser les apparences le plus souvent trompeuses, à écouter avec le cœur.

Reprenons Jean Giono : « J'ai revu cette vieille épicerie, échouée, toute de guingois dans un coude de la ruelle. Le tourbillon des foires ronfle maintenant là-bas loin, sur la place du monument aux morts; le flot de la vie coule dans d'autres rues contre la carène d'étincelantes boutiques. Les nouvelles ménagères veulent des machines de précision pour découper le jambon, des balances qu'on lit avec une table de logarithmes, des fioles de carry et des conserves d'anchois à la dynamite. Tant de choses que la petite épicerie n'a pas osées... et, d'abord, c'est une épicerie-mercerie. Alors, elle a amené tous ses pavillons et elle meurt, seule, là, dans l'anse vaseuse de la ruelle. »

On peut imaginer Jean-Émile Lachaud nous dire : « C'est

dans cette épicerie que je venais m'embarquer pour les premiers voyages vers ces pays de derrière l'air. » Et ces premiers voyages, pour Jean-Émile et Anny, sont toujours dans l'air du temps.

- ▼ -

Jeanne Magne

Jeanne Magne

Presque tous disparus, les bars ou cafés de quartier avaient un rôle social. Ils permettaient un grand brassage entre les familles qui trouvaient là un havre de repos et de détente. Sur le seul quartier de la Cité Bel-Air, à Boulazac, on dénombrait pas moins de 16 établissements. Entre 1959 et 1999, Jeanne Magne a été la boussole et l'étoile d'un de ses lieux : le Café de la Cité Bel-Air. Elle raconte.

Si le premier établissement où l'on servait des boissons vit le jour en europe à Vienne en 1640, celui de la famille Magne, dans le quartier de la Cité Bel-Air, à Boulazac, dut s'ouvrir juste après la guerre, celle de 39-45. Il se situait sur le boulevard du Petit-Change, en haut, pas loin du Moulin rouge, en face du cimetière dit de Saint-Georges. Au départ l'adresse mentionnée était « Cave Magne », du nom de son créateur, André Magne. A l'époque il n'y avait pas moins de 16 établissements dans le quartier ; tous avaient une clientèle fidèle qui venait trouver quelque réconfort. Honoré de Balzac disait de ces lieux : « le comptoir d'un café est le parlement du peuple. »

Cinquante mètres au-dessus de l'ancienne « Cave Magne », du même côté, dans la maison qu'elle loue, Jeanne Magne entretient désormais ses souvenirs après avoir tiré la révérence à son public en juin 1999. Jeanne Magne : « Savez-vous que sous ma maison il y a la voie de chemin de fer construite par les Américains en 1917 ? » Les regards plongent autant sur le parquet que dans un livre d'histoire. Et notre maîtresse de maison appréciant notre surprise de rajouter : « C'est vrai… »

Jeanne est arrivée du Lardin-Saint-Lazare en 1957 afin de poursuivre ses études au lycée Laure Gatet. « J'avais 17 ans et pour moi c'était la grande ville. J'étais hébergée chez un cousin qui habitait rue Antoine Deschamps, dans le quartier de la Cité Bel-Air. C'est en allant voir un film au Moulin rouge que j'ai connu mon mari, Jean-Claude. C'était le fils du propriétaire de la « Cave Magne ». J'étais très amoureuse et mes parents me laissèrent le choix de l'épouser à la condition que je travaille et que je m'assume. C'est ainsi que j'ai passé un concours pour entrer aux Postes Téléphones et Télégraphes. Et, en 1959, je me suis marié. A l'époque c'était ainsi. »

Très vite Jeanne rejoint son mari pour faire « tourner » ce qui était encore « La Cave Magne ». Deux garçons devaient venir illuminer une vie qui oscillait entre le travail et la famille. Nous entrions dans les années soixante, les « Sixties ». Un temps où l'insouciance faisait bon ménage avec le travail.

Jusqu'en 1982 Jean-Claude et Jeanne feront de leur établissement une seconde maison pour beaucoup de familles du quartier. Au décès de Jean-Claude, cette année-là, Jeanne décide de continuer seule. Par amour et par nécessité : « il fallait bien que je gagne ma vie ; et puis c'était une façon de d'honorer la mémoire de mon mari. »

Les tonneaux en bois de châtaignier sur lesquels on avait servi le petit verre de blanc, celui de rosé ou encore celui de rouge cédaient pour des tables plus confortables où l'on « tapait » la belote. Puis, dans les années soixante-dix la mode passa au whisky et à la Vodka avec, aussi, une clientèle plus jeune et plus bruissante. C'est à cette époque que viennent s'installer, juste en face, les ateliers de la Ville de Périgueux. « Une aubaine » reconnaît aujourd'hui Jeanne. Le matin on venait casser la croûte, la journée on venait prendre un café, à la débauche c'était l'apéritif avec les fêtes : embauche, anniversaire, promotion, naissance, départ à la retraite. « La législation était plus souple, reprend Jeanne. On accueillait tout le monde et il n'y avait pas d'excès, et chacun, pourtant, y allait de sa « tournée »... Je crois que l'on vivait mieux qu'aujourd'hui. » C'était avant tout des hommes qui fréquentaient les lieux ; les femmes vinrent plus tard, après soixante-huit ; de jeunes femmes qui, à leur façon, s'émancipaient. Mais tout était bien codé et les choses bien ordonnées. Il faut dire que tout le monde se connaissait.

La journée voyait les anciens engager des parties de cartes qui ne s'achevaient qu'avec l'heure du souper. En cas de défaillance, Jeanne jouait la remplaçante mais sans jamais quitter du regard les autres tables et son comptoir qui était toute sa vie.

Derrière son comptoir Jeanne se trouvait ainsi sous les feux de la rampe. Expression qui signifie le lieu où, telle une silhouette, l'acteur se déplace vers l'avant de la scène. Oui, Jeanne était l'actrice mais aussi le metteur en scène d'une société qui vivait souvent en vase clos. Sauf pour le départ au service militaire qui était aussi une occasion de « boire un coup ». Puis vint le temps des mutations, à Paris ou ailleurs. Le quartier s'est progressivement transformé. S'il reste encore quelques familles « historiques » beaucoup de nouveaux sont arrivés, surtout depuis une vingtaine d'années.

Combien de secrets, de petites misères et de grands bonheurs partagés au coin du comptoir ? Jeanne sourit et glisse sur autre chose : « Oh vous savez on venait pour parfois oublier une mauvaise nouvelle, une dispute ou tout simplement une petite déprime dont on ne disait pas le nom. J'écoutais et je disais quelque mot pour que le sourire revienne. » Le café, le bar, était un espace sacré qui faisait office de cabinet de « psy » pour les uns, de confessionnal pour d'autres ; à l'époque Jeanne se transformait en assistante sociale, et ça marchait.

La salle était parfois louée pour des fêtes de famille : baptême, communion ou mariage. Toujours des habitués. « C'était pour dépanner... nous étions une grande famille » relève Jeanne.

Puis, la mode étant, la « Cave Magne » est devenue le Café de La Cité Bel-Air.

En 1964, alors que son Beau-père, André faisait déjà les livraisons à domicile de fuel, Jean-Claude et Jeanne ouvre une station service. Oh pas comme celle de maintenant. Trois pompes toutes simples : essence, super et diesel. Les clients fidèles avaient un compte et réglaient au mois. Avec le développement des grandes surfaces l'activité déclina et finalement fut arrêtée en 1985.

A l'ouverture de la « Cave » la décoration de la salle du bar avait été confiée à un client un peu artiste et désargenté. Il réalisa trois fresques afin de se libérer d'une dette. Même si l'artiste ne connut pas la célébrité de Michel-Ange et la « cave » celle de Lascaux, ces fresques faisaient partie de l'imaginaire populaire de la Cité Bel-Air. Elles racontaient aussi une histoire.

La première représentait une cave avec d'immenses tonneaux de vin, la seconde mettait en scène l'épouse de André et le fameux comptoir, la troisième rendait hommage à l'aviation car André avait été un pilote d'avion connu à l'aéroport de Périgueux-Bassillac. Au milieu des années quatre vingt, Papo Meynard un artiste Périgourdin, avait rénové ces peintures.

Aujourd'hui, selon Jeanne, quand le café ferma définitivement et que le bâtiment fut vendu les acquéreurs en transformant le tout en logement ont recouvert ces fresques qui sont à jamais invisibles. Les plus anciens se rappellent toujours cette décoration plaisante et évocatrice d'un temps révolu.

Jeanne a vécu plus de soixante ans dans ce quartier de la Cité Bel-Air. Elle en connaît les moindres recoins et, avec la grande discrétion entretenue derrière son comptoir, les petites et grandes choses de ces vies qui s'en vont progressivement.

Jeanne qui a été veuve très jeune, beaucoup trop jeune, qui a aussi perdu un de ses fils, conserve une élégance faite de courtoisie et de bienveillance. On l'imagine ainsi, derrière son comptoir, jadis : « Je ne sors plus beaucoup, le quartier a beaucoup changé et il n'y a plus la même concorde entre les gens. On ne se parle plus. Ou si peu. Il y a eu la télévision puis, maintenant c'est internet. »

La télévision au début des années soixante ? On imagine les familles qui n'avaient pas toute la lucarne magique se rendant au Café de la Cité Bel-Air pour suivre Cinq colonnes à la une ou un des épisodes des « Cinq dernières minutes » avec l'infaillible Raymond Souplex. Il y avait le petit rosé et le sirop de fruit en plus des commentaires de la salle. Et puis, comme les artistes après le spectacle, il fallait nettoyer les tables, ranger les chaises, passer la torche sur le sol et, enfin, éteindre les lumières. On pense au dernier film de Charles Chaplin, *Les Feux de la Rampe* où le célèbre acteur fait ses adieux. Une poésie universelle qui s'éprouve dans le grimoire d'une vie aux clairs obscurs délimités autant par la raison des apparences que la passion soumise à l'élixir du bonheur toujours temporaire et insaisissable. Mais, ici aussi, les malheurs ont toujours la dent dure. Jeanne retient une larme. Chut… Silence, on ne tourne plus.

Les doigts et les yeux de Jeanne s'engloutissent dans une boite à chaussure où sont entassées les photos nécessairement jaunies de toute une vie. Pas seulement sa vie, celle aussi, de ces familles aux visages disparus et aux postérités déjà assagies qui constituent une mémoire qui n'a de cesse de s'éveiller et de trottiner dans un satané vague à l'âme.

Aujourd'hui, Jeanne a quitté la scène ; elle n'est plus sous les feux de la rampe. Pourtant, elle apparaît comme jadis à la fin du spectacle donnée toute la journée, jamais épuisée par la vie, veillant seulement à ce que la porte ainsi refermée puisse au petit matin s'ouvrir à nouveau.

- ▼ -

André Massoubre

André Massoubre

Entre 1961 et 1988, avec des moustaches aussi célèbres que celles de Vercingétorix, André Massoubre fut le facteur de la Cité Bel-Air. 540 usagers et autant de souvenirs sur une tournée quotidienne de 21 km, avec parfois un million de francs de mandats à distribuer. C'était l'époque du calendrier et des bons coups à boire, du facteur en uniforme avec toujours un sourire et une bonne blague.

Il n'a jamais habité le quartier de la Cité Bel-Air mais il connaît mieux que quiconque chaque rue, chaque boîte aux lettres et chaque famille. Et il en a vu ou entendu, parfois les deux. « Il y a prescription, mais je ne peux pas tout raconter » dit-il en éclatant de rire et en se caressant la moustache aussi gauloise que l'on puisse la découvrir dans les livres d'histoire des enfants. Il y a chez lui l'agilité d'un Astérix et la gouaille d'un Obélix.

De sa maison des hauts de Beauregard, à Boulazac, assis devant sa cheminée et sous une reproduction de l'Angélus de Millet, André Massoubre est l'incarnation d'un monde ancien que l'on regrette.

Né entre Bergerac et Périgueux, en 1933, André Massoubre entrera aux Postes, Télégraphes et Téléphones en 1949 en qualité de télégraphiste. Marié et son service militaire effectué au Vème Dragons, en Algérie, il est nommé au centre de tri postal de la gare de Lyon à Paris. Nous sommes en 1957 et cette année-là le facteur devient préposé. C'est un passage obligé pour prétendre endosser un autre uniforme : celui de facteur de ville, à Périgueux. Quatre années passées à la « capitale » et quelque coup de pouce comme cela se faisait à l'époque, André décroche la timbale ; le voici nommé à la Cité Bel-Air, titulaire d'une tournée qui compte 540 boîtes aux lettres et qui s'allonge sur 21 kilomètres.

Une année plus tard l'Oiseau bleu de La Poste et les voitures jaunes apparaissent. L'uniforme devient tenue.

En 1964 c'est le début de la codification des adresses postales ; huit ans plus tard, arrive le code postal. Ce dernier, selon André Massoubre fut un vrai casse-tête pour les préposés.

Le préposé reste pour une grande partie des usagers le « facteur », personnage presque mythique, lien social respecté, personnage et personnalité à la fois. L'écrivain Bourguignon Gaston Roupnel écrivait en 1914 : « Le facteur est dans un pays le grand distributeur de joie et de chagrin. C'est une manière de Père Bon Dieu, avec l'éternité en moins, les guêtres et le képi en plus. »

Lorsqu'André Massoubre évoque « sa tournée » le visage est comme un sapin de Noël : « Oh j'en ai vu des choses ! En déposant le courrier ou les mandats j'entrais dans l'intimité des gens. Chacun avait ses habitudes et la distribution ne manquait pas parfois de piquant. » Les ménages à trois, il en a connu ; s'il en rit aujourd'hui il a toujours su garder les secrets de famille qui étaient aussi des secrets de quartier.

Tout au plus il racontera qu'un jour, la sonnette ne donnant aucune suite, il était entré pour déposer le courrier sur la table alors que dans la chambre, toute porte ouverte, la gêne n'était pas de mise et la fidélité rudement soumise à l'épreuve.

Comme l'évoque André : « Une boîte aux lettres, c'est un nom, c'est une famille, ce sont des histoires qui ne doivent pas sortir de la sacoche du facteur... »

Au début des années soixante, le quartier de la Cité Bel-Air était une véritable ruche et rares étaient les maisons fermées pour la journée. Certes, le plus souvent, c'étaient les femmes qui tenaient le foyer ; les portes restaient ouvertes afin que le « facteur » dépose sur la table de la cuisine le courrier. C'était encore le temps des deux tournées quotidiennes, l'une le matin, l'autre à partir de 15 heures, pour porter la Dordogne Libre laquelle, était – jusqu'en 1983 – le journal du soir des Périgourdins.

L'ouverture du rideau était pour 6 heures 30, au tri postal situé à Périgueux. Chaque « facteur » s'installait constituant une grande tablée face aux 80 casiers dans lesquels il répartissait le courrier jusqu'à 8 heures ; puis, c'était le casse-croûte qui ne durait jamais plus d'un quart d'heure avant le départ à vélo pour la Cité Bel-Air. « Dédé » dit aussi le « Gaulois » se lançait dans la fameuse tournée durant quatre, voire cinq heures.

C'était le temps des mandats portés par l'homme à la casquette règlementaire de couleur bleue où figurait en bonne place l'Oiseau porteur de bonnes nouvelles.

«J'avais parfois plus d'un million de francs sur moi [150 000 euros Ndla] et personne n'aurait imaginé que je sois attaqué ; d'ailleurs, ce ne se serait pas passé aussi bien qu'une... lettre à la Poste. » ; le plus souvent, c'étaient les mandats des allocations familiales qui étaient très attendus.

Combien de fois, après avoir récupéré la clef plus ou moins bien dissimulée, il a déposé la somme dans un meuble convenu et a signé le mandat : « Eh oui, j'ai fait des faux ! » précise-t-il en se caressant la moustache.

– La délimitation entre Boulazac et Périgueux nous obligeait à « tricoter » la tournée. Passer d'une commune à l'autre, c'était tout simplement aller d'un côté à l'autre de la rue, mais c'était une vraie ligne Maginot, un mur de Berlin, explique « Dédé ».

Ah le casse-croûte, une fois par mois, offert par Léopold Foussard à la Guinguette de Barnabé !

– C'était vraiment une autre époque et nous ne mesurions

pas notre bonheur, même si ce n'était pas toujours facile, poursuit l'homme aux moustaches gauloises.

Le maire, Lucien Dutard – un homme exceptionnel, souligne le désormais préposé – avait pour habitude, de sa salle de classe, de surveiller mon passage et de sortir pour prendre le courrier de la mairie mais aussi échanger quelques propos aimables, et les enfants ne bronchaient pas. C'est vrai qu'André avait préparé sa tournée afin de passer à l'heure de la récréation, à dix heures...

En ce temps-là, toute personne croisée sur le trajet faisait l'objet au pire d'un « bonjour » et au mieux d'un bref arrêt pour demander des nouvelles sur le « petit » ou la « mamie ». Tout comme le jour des vendanges, lorsque on lui remettait une bouteille de la cuvée ; de même, lorsque le cochon tué et préparé, on lui offrait une terrine ou une conserve.

Il y avait le passage chez Marylou, « l'idoles des jeunes » laquelle tenait le Pénalty, un des onze bars du quartier :

– Un p'tit café Dédé ? lançait Marylou tout en regardant son courrier.

Vite fait et vite avalé, Dédé poursuivait son chemin.

– Les cafés ! Imaginez qu'il y en avait trois qui se suivaient sur le boulevard du Petit Change : les 183, 185 et 187 précise aujourd'hui « Dédé » avec la précision d'un arpenteur.

Il y avait, à la saison, la sueur de l'alambic installé par « Le Milou » sur le terre-plein de la rue Jean Dupuy. L'activation du « col-de-cygne », gros tuyau qui relie l'alambic au refroidisseur était suivie par les riverains, comme le récit d'un conte magique. Le feu qui ronronnait dans le gros fourneau sous l'alambic attirait les mains réfrigérées. Invariablement, « Le Milou » disait : « Vaut mieux la goutte que la grippe ! »

L'été, c'était un arrêt toujours rapide sous la tonnelle du bar « Chez Coursier », toujours boulevard du Petit Change, côté Boulazac il s'entend. Pour ne pas faire de peine, il y avait le bar d'Odette Castelleti qui jouxtait.

– Diable ! Il fallait bien déposer le courrier, dit Dédé en éclatant de rire.

Souvent, surtout à la belle saison, les artisans du quartier s'installaient sur le trottoir pour travailler, comme Léo Mortessagne, rue de la Louisiane, le magicien de la vielle, autant musicien que luthier.

Parfois, comme le téléphone était peu développé dans le quartier, on confiait à Dédé des commissions à faire sur sa tournée. Alors, quand arrivait le temps des calendriers, tout ce petit monde savait « remercier » celui qui ne ménageait ni sa peine et ni son temps pour améliorer le sort de chacun. C'était en décembre, le soir et après la tournée. Une sorte de Père Noël que l'on attendait et que l'on ne manquait pas de retarder jusqu'à fort tard.

Alors, quand en 1988 le facteur de la Cité Bel-Air a pris sa retraite ce fut un véritable séisme. Pour oublier la tristesse, ce fut un ballet de réceptions et de fêtes bien éprouvant mais tellement sincère et authentique. Même le maire, Jacques Auzou, y alla de sa tirade très officielle pour rendre hommage à l'homme aux gauloises moustaches.

— Le quartier avait déjà bien changé. Beaucoup étaient arrivés à l'âge de la retraite. Certains partaient en maison de retraite et vendaient leur maison à de plus jeunes qui n'avaient pas connu le quartier. Un à un, les bars tiraient leur rideau ; un quartier qui perd ses bars ce n'est pas bon signe.

André Massoubre continua bénévolement à distribuer le journal municipal, fit l'agent recenseur. Pour le plaisir et parce qu'il faut être utile ; question de principe.

Soixante années passées au côté de Jacqueline, sa femme, entouré de son fils et de sa fille, les yeux illuminés par les petits bonheurs partagés de l'existence, la paire de moustaches parfaitement lissées, sorte de panache enflammé, l'humour gaillard, il affirme :

— Malgré les mauvaises langues aucun gosse ne me court après...

- ▼ -

Claudette et Claude Monfumat

Claudette et Claude Monfumat

Ils sont nés au temps des congés payés. Ils se sont mariés alors que de l'autre côté de la Méditerranée s'évanouissait le rêve de l'Algérie française. Aujourd'hui, Claude et Claudette Monfumat sont les dépositaires d'une vie qui n'a connu que le paradis de leur quartier, celui de la Cité Bel Air, à Boulazac, tout près de Périgueux.

Dans leur maison de la rue Jean Desplat, si évocatrice de cette période où se faire bâtir était avant tout une histoire d'amour, faite de pierre et de béton, avec son petit jardinet et ses pièces millimétrées aux besoins du quotidien, Claude et Claudette Monfumat continuent de dessiner les choses simples qui, avec le temps, deviennent un jardin extraordinaire. Chez eux, de toute évidence, le jardin ne peut être qu'un paradis sans autre dieu que celui qui rend les jardiniers justes et bons.

Tous deux, assis autour de la table revêtue de la toile cirée ont cette complicité nécessairement secrète qui fait que la passion a ouvert la porte de la courtoisie. Claude a passé sa vie à entretenir une existence qui évite les bas et se prémunit des hauts toujours incertains. Tous deux ont passé leur vie dans ce quartier qui représente tout leur patrimoine.

Claudette est née à quelques dizaines de mètres de sa maison actuelle, une maison construite en 1936, au 50 rue des Bains. « Avec des moellons récupérés lors de la démolition du quartier de Sainte Ursule à Périgueux. Il y avait une seule ferme au bout de la rue » explique-t-elle.

Au début des années cinquante, le quartier est constitué de la partie laissée par les américains en 1917 et qui s'est progressivement remplie de familles d'ouvriers, mais aussi de jardins et même des prés de luzernes ou de blés, avec des élevages. D'ailleurs, bien souvent et pour améliorer l'ordinaire les familles possédaient un mouton, un cochon, des poules et des lapins. « Jean Desplat, explique Claude, était un propriétaire de terrains auquel on a rendu hommage en donnant son nom à la rue où j'habite. » Il n'est pas rare de voir des moutons paître près des fossés et là où il y a aujourd'hui le stade existait un dépôt d'ordures pour les villes de Boulazac et Périgueux.

La Cité Bel-Air est aussi une géographie diverse où l'histoire a imprimé une culture lilliputienne. Il en est, par exemple, de cette « Place du ciment », située derrière la mairie annexe et dont le nom a pour origine son sol en ciment que les Américains avaient aménagée quand ils construisirent leur camp. Pour Claude, ce serait « la place d'armes où les soldats faisaient leur revue ». Le fait est que les habitants se rendant sur le lieu disent : « On monte au ciment ».

De même, il y a le « Village Nègre », qui est en fait le cœur même de l'ancien camp américain où furent construits les premiers baraquement aujourd'hui disparus. Claude explique : « Ce n'est pas qu'il y avait des gens de couleur et il n'y a aucun racisme. Mais, c'était là que s'installèrent en premier les « expatriés » venus d'ailleurs chercher du travail et un logement à partir des années vingt. Au début, ces gens étaient un peu isolés et ne se mêlaient pas forcément avec les autres. » Claude, qui se dit « frontalier » car il est né boulevard du Petit-Change, à la limite du quartier, démontre ainsi que on est toujours l'étranger de quelqu'un ou de quelque chose.

Nous sommes en 1956. C'est en passant à vélo devant la maison de Claudette que Claude la découvre à sa fenêtre. Le jeune homme, surpris et emporté par l'émotion, fait une embardée et tombe dans la rue. La légende voudrait qu'elle l'ait relevé et soigné. En tous les cas ils ne se quitteront plus. Claudette et Claude se rappellent toujours la scène et ils en rient.

En 1959 Claude et Claudette se marient. De cette union naîtront quatre enfants. Claude : « Notre mariage fut une grande fête de famille qui dura trois jours, à la Cité Bel-Air, avec le bal à la guinguette de Barnabé, le samedi soir. » Claudette : « Parmi nos cadeaux nous avions un seau en plastique et une couade – appelée aussi *canole* en Périgord – une louche à eau pour se laver les mains car nous n'avions pas l'eau courante, et un garde manger que l'on descendait dans le puits pour conserver la fraîcheur des aliments. Il faut savoir que chaque famille possédait un puits car nous n'avions pas encore l'eau courante. Les WC étaient à la turque et à l'extérieur dans un petit cabanon dédié. » Claude se glisse : « Nous utilisions les excréments comme engrais dans les jardins. Pour la douche nous allions une fois par semaine aux bains-douches publics situés à Périgueux, rue Louis-Mie. » Tout ceci est raconté avec ce brin de nostalgie qui fait croire que jadis c'est toujours mieux qu'aujourd'hui.

Mais Claudette se rappelle aussi l'arrivée de la première machine à laver qui fonctionnait à l'électricité et avec une bonbonne de gaz, l'arrivée de la télévision, en 1960, qui réunissait les voisins pour les grandes séries de l'époque. De l'eau courante, un peu avant. C'est l'entrée dans les années soixante qui voit arriver l'assainissement – entre 1962 et 1965 -, l'eau courante, les commodités, l'éclairage public et le goudron qui revêtit le gravillon ou la terre battue, la disparition des fossés dans les rues du quartier.

Il y avait les séances de nettoyage du linge, dans les jardins, où l'on voyait les femmes s'activer autour de la grande lessiveuse posée sur un trépied et sur le feu bien entretenu pour la circonstance. Des journées entières.

Avant internet il y eut l'arrivée du téléphone. Une véritable épopée. Les commerçants avaient la priorité ce qui fait que les particuliers attendaient parfois plusieurs années. « Pour téléphoner, explique Claude, nous nous rendions chez l'épicier du coin ou au bistrot. C'était comme ça et on ne s'en plaignait pas. »

Durant les quatre décennies qui suivent la fin de la guerre, le quartier de la Cité Bel-Air multiplie les fêtes. Claude et Claudette pétillent quand ils évoquent celles-ci. « Ce devait être en 1947 ou 1948, en juillet... une course cycliste avait été organisée. Les coureurs, des gens du quartier, s'étaient habillés en costume 1900 avec les maillots rayés et les casquettes et les vélos étaient tous décorés et fleuris. Le parcours traversait les principales rues du quartier et aboutissait par la descente de la rue des Bains à la guinguette de Barnabé où les coureurs devaient plonger avec leur vélo dans la rivière sous les applaudissements de la foule. Le temps était magnifique et c'était un habitant, monsieur Gay, qui avait gagné et autant dire que ce fut bien arrosé. »

A l'époque les fêtes étaient organisées par les gens du quartier. A partir de 1950 il y avait le carnaval à la mairie annexe, mais aussi la fête de l'école avec bal et buvette, les concours de belote durant l'hiver, et ceux de pétanque durant l'été, sur la « place du ciment », chaque 14 juillet c'était le traditionnel bal. Ecoutons Claude : « Pour la fête foraine les riverains acceptaient que l'on branche sur leur compteur les guirlandes multicolores. Ce ne serait pas possible aujourd'hui. Oui, on savait vivre... » Claudette : « nous avions toujours une raison de nous retrouver autour d'un apéro, jouer aux cartes, faire une pétanque, et même regarder la télévision à plusieurs car tout le monde n'avait pas encore la petite lucarne... »

Et puis, il y a « La Guinguette », celle de Barnabé. A son nom Claudette et Claude rient de bon cœur : « Ah c'était quelque chose ! Le samedi après-midi et soir, le dimanche après-midi et soir c'était le lieu de rendez-vous des familles et des amoureux. On venait danser au son de l'orchestre du « Casino de Paris ». On retrouvait des gens de Périgueux et même d'ailleurs. Tout était remarquablement bien organisé. C'est là aussi que j'ai appris à nager. A « La Petite rivière » ainsi appelée car situait un peu à l'écart et protégée par des roseaux et un niveau d'eau pas trop profond. Il y avait la location des pédalos et le bac qui permettait aux gens de l'autre rive – Trélissac – de venir. Et il ne faut pas oublier le mini-golf qui a dû ouvrir au début des années cinquante. »

Et puis, encore, il y avait les fêtes familiales, les naissances mais aussi les disparitions. Jusque dans les années cinquante il y avait le rituel de l'abattage du cochon. Claudette : « Mon oncle « Bourrissou », un boucher, venait spécialement pour la journée. C'était sous la tonnelle et près du puits. Le soir tout le monde se retrouvait pour un grand repas. »

Il y avait enfin « Le Moulin rouge », un autre dancing, un bar et restaurant, sur le Boulevard du Petit-Change, côté Boulazac, c'est important. Une fois par semaine c'était la séance : « C'était le rendez-vous des amoureux explique Claude qui poursuit quand le film sautait et que l'on se retrouvait dans le noir c'était le signal d'un petit chahut et des baisers... » Il paraît, selon Claude, que l'on pouvait monter dans le haut du moulin et que l'on faisait tourner les ailes ce qui enchantait les enfants.

Claude, après avoir travaillé dans les entreprises du quartier, notamment la menuiserie Desuze et Deveaux qui employa jusqu'à 35 personnes, intègre le personnel de la commune de Boulazac. Militant communiste il mesure la grande solidarité qui anime le parti lequel s'attache à l'accompagner dans sa vie quotidienne. Aujourd'hui, Claude relate : « Je suis entré en 1969, grâce à Lucien Dutard qui était maire. Pour l'embauche il fallait savoir se servir d'une faux, d'une tranche et d'une fourche. Je devais entretenir les fossés. Avec Jacques Auzou et le développement de la commune je me suis retrouvé comme technicien au centre culturel. Avec les années les choses ont bien changé. Je suis parti à la retraite en 1996. »

Claudette, de son côté, a travaillé dans des commerces de

Périgueux avant d'intégrer le personnel communal de Boulazac à la restauration et à l'entretien des écoles. Une vie honnête avec des gens honnêtes. Deux destins qui ont seulement voulu repousser les murs d'une vie ordinaire sans froisser celle des autres. Tous deux sont à l'image de ce quartier, champ clos d'une existence au relief sublimé par le devoir de ne pas blesser le futur.

Les personnages, ceux qui donnaient aux lieux une âme particulière et une identité au quartier restent très vivaces dans la mémoire de Claude et Claudette. Il y avait le ramasseur de peaux de lapins qui passait tous les mois, un certain « Delage ». De sa carriole sur laquelle il déposait ses trophées il disait qu'elle marchait au « gaz de haricot »... Et il chantait en passant dans les rues. Le laitier qui servait à domicile son breuvage à la louche et sans que les maladies invoquées aujourd'hui n'affectent les consommateurs. Prés de l'ancien camping, dans un vieux bus, vivait « Bonnefond » un braconnier qui allait pêcher la nuit dans la rivière en contrebas les futures fritures commandées la veille.

Il y avait aussi le coiffeur, Prosper Combescot, dont les talents de coiffeur était avant tout d'être un lieu où se racontaient les histoires du quartier. Léo Mortessagne, le vielleux, qui venait jouer avec des copains dans les repas de fête. Tout un peuple de petits artisans faisait du quartier un lieu de vie extraordinaire : le cordonnier, Monsieur Morlet, face au cimetière de Saint-Georges, le marbrier « Vessat », le fleuriste « Bonvoisin », l'usine de conserves Daburon, le tanneur de la rue du gué de Barnabé chez lequel les habitants apportaient les peaux des animaux abattus et qui faisaient réaliser des manteaux, des vestes ou des descentes de lit, sans parler des vapeurs de javel qui émanaient de la fabrique et s'évanouissaient dans les rues.

Coup de projecteur sur « Copette » le clochard qui allait faire la manche à la sortie des églises avant que se rendre dans un des quinze bistrots du quartier.

Avec leurs vies écossées des graines qui disposent une existence ordinaire Claude et Claudette possèdent un supplément d'âme que notre temps a déserté. C'est l'attribut des gens accordant leur regard aux saisons avec la bienveillante résignation sur le temps qui s'effiloche doucement. Leurs yeux sont ainsi ceux d'une jeunesse qui ne dit plus son nom. Et si le paradis existe, il ne peut être qu'ici et maintenant. De ce quartier qu'ils n'ont jamais quitté, Claude et Claudette regardent les transformations sans succomber à une grise mélancolie tout en s'excusant de regretter de ne plus avoir des nouvelles de leurs nouveaux voisins cadenassés dans leur maison. Alors, bien sur, quand est venu le temps de se séparer les deux compères ne soupirent pas et leurs visages dessinent toujours cette voluptueuse attitude qui caractérise une existence pudique et feutrée. Dans les rues encore soumises au soleil, l'aiguille du temps qui passe s'ébroue signant la fin de sa sieste. Sur le pas de la porte de leur maison Claude et Claudette avec leur beauté spontanée et fragile, sereins sous le voile léger de leurs rêves candides, tracent toujours cette mémoire des humbles qui ne savent pas que leur destin est extraordinaire.

- ▼ -

Fernande Monier

Fernande Monier

Née en 1918, Fernande Monier sera la centenaire du quartier de la Cité Bel-Air pour les commémorations prévues à l'occasion d'un autre centenaire, celui de l'arrivée des Américains et de la création de leur camp.

Il y a une année, Fernande applaudissait à tour de bras Franck Michael au Palio de Boulazac. Une affiche du chanteur de charme trône dans le séjour de la maison de Fernande, une ancienne baraque construite par les Américains et qui a le même âge qu'elle : 99 ans.

Avec sa chevelure soignée et argentée, ses yeux, véritables agates mousseuses, son sourire à vous réconcilier avec le monde, Fernande Monier possède l'exquise courtoisie des adeptes de Bouddha et d'Épicure. Tout chez elle nous fait croire que la vie est un éternel printemps.

Elle habite dans le quartier depuis dix ans ; elle voulait, comme elle l'évoque avec une élégante courtoisie, se rapprocher de son second époux inhumé au cimetière de Saint-Georges, en 1998.

Fernande Bertrand, devenue par les liens du mariage Monier, est née la dernière année de la Grande Guerre, sous le signe du poisson, connu pour son empathie et sa sagesse. Malheureusement, quelques mois après sa naissance, sa maman, Adrienne, meurt de la Grippe espagnole qui causa la mort de 50 millions de personnes. On le sait aujourd'hui, les femmes accouchant à cette époque furent plus durement frappées par cette pandémie. Fernande est élevée par sa grand-mère, entre Périgueux et Champcevinel ; son père, revenu de la guerre, devint cantonnier et ne pouvait pas s'occuper d'elle.

Les années vingt, celles que l'on qualifie de « folles » pour marquer le mouvement d'euphorie et de la libération qui envahit la France, voient arriver de nouveaux rythmes, le smoking et le tango. Des rythmes et des danses que Fernande, encore Bertrand, a découverts plus tard dans les salles de Périgueux, celles du Tourbillon, de l'Olympia ou Secrestat. Fernande qui se rappelle aussi avoir dansé au Moulin Rouge, tout près de son actuelle habitation, raconte : « c'est avec ma grand-mère qui m'amenait à la lumière du falot à travers bois jusqu'aux bals improvisés çà et là que j'ai commencé à danser. J'ai toujours aimé danser. » Elle avait une prédilection pour les valses, nécessairement endiablées.

Affranchie de frugales études, la jeune fille est « placée » dans une entreprise locale, les établissements Laforest. Cette dernière était spécialisée dans la conserverie de produits alimentaires.

Nous étions en 1934. « J'épluchais les légumes de saison, je plumais les faisans, je dénervais les foies d'oie ou de canard. Un temps, j'ai été affecté à la préparation des anchois et je devais respecter les objectifs... Il fallait travailler pour qu'il y ait un peu d'argent à la maison. Entre ouvrières l'ambiance était bonne car nous étions jeunes. Je crois que nous étions plus d'une centaine et l'entreprise était florissante. »

Cette année-là, elle va au cinéma Pathé, à l'époque sur les boulevards de Périgueux (aujourd'hui c'est la Librairie Marbot), pour la première fois. Le film projeté est « Les Ailes brisées » de André Berthomieu. Ce film l'a marquée et Fernande ne sait pas trop pourquoi si ce n'est cette histoire qui raconte la mort accidentelle d'un homme et dont la femme se bat pour s'en sortir financièrement et surmonter sa douleur.

L'arrivée du Front populaire, en 1936, déclenche un vaste mouvement de grèves qui entraîne Fernande. Ecoutons-là : « Nous avons fait grève. Tout était bloqué et nous occupions l'usine. Oh ! gentiment car nous n'avions pas l'esprit révolutionnaire ! Nous dormions sur place dans des sacs en jute dans lesquels avaient été entreposées les viandes. On a défilé en ville et on a beaucoup parlé, chanté, dansé.... et on a gagné ! » On imagine mal que certaines réclamations portaient sur la dotation quotidienne de vin et de pain attribués aux salariés par la direction.

La vie bien ordonnée passait par le mariage et c'est ainsi qu'en 1938 elle épouse un peintre en bâtiment, Jean Ardouin ; trois enfants naîtront.

En 1938, Fernande devient soudeuse chez Carnaud, toujours à Périgueux. Une entreprise qui fabriquait des boîtes de conserves et employa jusqu'à 3 000 salariés. Elle se syndique à la CGT, la principale et presque unique centrale syndicale à l'époque. C'est que Fernande Bertrand, devenue par liens du mariage Ardouin, n'a pas sa langue dans sa poche et entend se faire respecter. Encore aujourd'hui, elle revendique son engagement. Même si elle reconnaît que ça n'a plus rien à voir avec la vie des ouvriers d'antan.

Durant l'occupation, elle continue son bonhomme de chemin, observant patiemment les évènements causés par la défaite puis l'occupation de Périgueux à l'hiver 1942. Sa préoccupation était d'avoir à manger. Elle se remémore ses escapades à bicyclette, dans la campagne environnante, dans les fermes, pour ramener les précieuses nourritures : « Un jour, ramenant un poulet sur le porte-bagage, la tête de celui-ci s'est prise dans les rayons de la roue et vous imaginez le résultat... »

Et les Allemands ? Elle se rappelle, alors qu'elle était enceinte, être tombée et avoir été relevée par un soldat allemand qui la ramena chez elle. « J'avais honte, même s'il a été très gentil. C'était quand même un ennemi » raconte-t-elle sans s'attarder.

Quand Périgueux est libéré, elle est enceinte et reste chez elle : « J'ai accouché chez moi, éclairée par des bougies car l'électricité était coupée, comme cela se faisait à l'époque. »

En 1950, son solide caractère et, peut-être, l'amour en déshérence, après son divorce, elle se remarie avec Marcel, un ajusteur de la SNCF. Elle devient une « Monier » et le suivra à Paris, grâce à l'aide de Georges Bonnet, l'ancien ministre, toujours très en cour dans les grandes administrations.

C'est une époque de débrouillardise qui l'amènera à exercer comme on dit « trente-six métiers et trente-six misères ». Les Trente Glorieuses se sont construites sur cet esprit de labeur qui voyait les plus humbles attachés aux besognes les plus diverses pour entretenir un foyer qui cherchait à acquérir le réfrigérateur ou la machine à laver considérés comme un signe d'un progrès qui restait aussi un luxe. Nous sommes au plein baby boom et quatre nouveaux enfants viendront animer cette balle famille recomposée. Mais, aussi, une vie rythmée par quelques malheurs, comme la disparition d'un enfant âgé de cinq ans.

C'est en 1978 que Fernande et Marcel Monier, parvenus à la retraite, se font bâtir à Saint-Léon-sur-l'Isle, un fief du parti communiste dont elle est membre.

Vingt années passées, son époux disparaît et elle ressent le besoin de se rapprocher de Périgueux. Elle s'installera à la Cité Bel Air, dans son actuelle maison héritée des Américains, en 2006. « Pour se rapprocher de Marcel, mon second mari, inhumé au cimetière Saint-Georges... », dit-elle malicieusement.

Dans sa petite maison qui fait face à la maison des associations du quartier de la Cité Bel Air, Fernande Monier, pourrait reprendre les paroles que chantait Tino Rossi : « Danse comme un enfant joyeux, la première étoile est éclose. »

Entourée de ses 30 enfants et petits-enfants, fan du « Rossignol du siècle », elle pourrait lui emprunter cet extrait de la chanson « Mon Pays » : « au pied d'un voilier qui divague, les collines deviennent bleues, dans le ciel un nuage rose danse comme un enfant joyeux. » Evoquer simplement la danse, et les yeux de Fernande se plissent, clignotent, ses lèvres se relèvent, s'animent. En découvrant les photos jaunies qui sont disposées dans son séjour on l'imagine valsant aux quatre coins du monde, de son monde.

Chaque jeudi elle se rend à la réunion du club Sourire qui réunit les anciens de la commune et même de plus loin. Elle y discute et joue aux cartes. C'est la doyenne et elle s'amuse de cette drôle d'idée de fêter son centenaire en même temps que celui du quartier dont elle ne connaît finalement que peu de choses. Et, rieuse, elle ajoute : « Il me faut tenir au moins jusque là... »

Jacques Brel chantait ainsi : « Au premier temps de la valse, toute seule tu souris déjà ; au premier temps de la valse je suis seul mais je t'aperçois. » Voici que la magie surgit, celle qui imagine l'annonce de l'ouverture de la guinguette du Moulin Rouge, sur le boulevard tout proche, que Fernande se prépare pour une nouvelle valse.

- ▼ -

Sylvie Passerieux

Francine Delamare

Sylvie Passerieux et Francine Delamare

Nées dans les années soixante, Francine Delamare et Sylvie Passerieux sont de la génération des Eighties, celle de leurs vingt ans. Peter et Sloane cartonnaient au Hit-parade sur Radio Périgord avec « Besoin de rien, envie de toi », avant que ne tombe le Mur de Berlin et que Boulazac entame sa plus grande mutation, celle qui donnera naissance à l'Agora.

C'était il n'y a pas si longtemps et déjà c'est un autre temps, un autre monde. Les années quatre-vingt, celles qui reviennent à la mode. Le minitel explosait et Canal plus disait bonjour. Le chômage et le Sida frappaient déjà une jeunesse toujours insouciante et généreuse. On vibrait avec le film Flashdance et on découvrait l'odieuse famille Ewing qui habitait Dallas... Mais, à Boulazac, plus exactement à la Cité Bel-Air, la vie était encore celle de la mesure et des saisons joyeuses. Les Américains de la Grande Guerre étaient presque oubliés et l'on continuait à aménager les derniers baraquements qui voyaient s'insérer entre eux des bâtisses coquettes et aux dimensions humaines.

Dans sa maison du 18 de la rue John Kennedy, Sylvie Passerieux retrouve son amie d'enfance et d'adolescence, Francine Delamare. La première est née en 1964, la seconde en 1962. Un Lion et un taureau... le feu et la terre. Elles croquent toujours la vie avec les yeux pétillants de celles qui ont fait les quatre cents coups. Nous sommes entre François Truffaut et Claude Sautet. Entre une vague qui est toujours nouvelle et une nostalgie sortie du film Vincent, François, Paul et les autres.

Toutes deux sont un de ces couples d'adolescentes mythiques de nos provinces, des filles devenues femmes avec chacune leur destin et qui ne se sont jamais vraiment séparées. Alors, quand on leur demande ce que représente ce bout de planète qu'est la Cité Bel Air, les yeux s'enflamment, les langues tournent dans tous les sens et les mains s'agitent.

Née dans une famille de cinq enfants, d'un père agent hospitalier et d'une mère employée à EDF, Sylvie Passerieux empruntera les chemins des écoles du quartier avant que de devenir employée à la Clinique du Parc, à Périgueux. Elle élèvera une fille sans jamais se résoudre aux liens du mariage ; question de principe ou de destinée. Sa maison actuelle est celle qu'elle a reçue de ses parents et ne s'imagine pas vivre ailleurs. Une maison qui s'est agrandie à partir de l'un de ces baraquements de l'armée américaine à la signature encore visible.

Francine Delamare est issue d'une fratrie de neuf enfants, dans une maison de la rue de Chicago ; le père était agent des Ponts et chaussées, gardien d'une des dernières écluses, au bassin, à Périgueux. ; il fut un adjoint du maire de Boulazac, Lucien Dutard, un homme qui a marqué par sa bienveillance au delà des limites communales. Outre son rôle de gardienne du temple familial, sa maman travaillait dans un restaurant du quartier, celui de la famille Coursier.

La famille Delamare est arrivée sur le quartier de la Cité Bel-Air lorsque sonna la fin des Rues Neuves à Périgueux au milieu des années cinquante. Francine, ses « humanités » accomplies, quitta quelques temps les lieux avant de revenir, rue des Belges, en 1974 et repartira encore avant de retourner dans le quartier de son enfance entre 2000 et 2011. Actuellement, elle ne vit pas loin, dans un autre quartier de Boulazac et travaille depuis 1982 à la mairie.

Quand on demande aux deux copines ce qui les attache à

ces lieux elles rient de bon cœur comme si la question était à la fois incongrue et la réponse évidente. Pour Sylvie Passerieux : « J'aime ce quartier, il m'apaise. » Pour Francine Delamare : « Je me sens chez moi, toutes les rues, toutes les maisons, les familles qui y vivent encore sont autant de souvenirs le plus souvent heureux, même très heureux. » Sylvie reprend : « Quand je vais dans des commerces ou des administrations à Périgueux, je trouve presque toujours une personne ayant un lien avec la Cité Bel-Air. Il y a un côté fratrie, presque clanique. »

Les deux femmes, complices jusque dans les secrets partagés, ne se sont jamais souciées de l'histoire du quartier jusqu'à il y a peu. « C'est vrai que les noms de rues ont toujours été, pour nous, un voyage permanent, une marque de fabrique qui nous donnait une sorte d'originalité merveilleuse » explique Sylvie.

Et puis, il y avait la guinguette de Barnabé qui brillait encore de tous ses feux, de tous ses lampions et de son juke-box, du bowling et du golf miniature, de sa rotonde où on se retrouvait entre jeunes sous les yeux attentifs du maître des lieux, le père Foussard.

Sylvie et Francine en arrivent à évoquer les bandes de jeunes que les parents tentaient de suivre car il y avait dans toutes les familles une solidarité sociale naturelle. « C'était, raconte Sylvie, le temps du solex et de la mobylette. On se réunissait dans la rue et les parents, derrière les rideaux, suivaient nos premiers émois. Il faut s'imaginer que l'on vivait beaucoup dans la rue et que les jeunes étaient nombreux. Nous étions les enfants du Baby boom... »

Ce que confirme Francine : « Tout se savait mais il y avait des rituels et des codes entre les familles, nous nous sentions libres mais nous savions respecter l'harmonie du quartier. Lorsque nous rencontrions les jeunes de notre génération, ceux du Gour de l'Arche ou de Chamiers, nous mesurions combien nous étions à l'écart des dérives d'une jeunesse déracinée et soumise à elle-même. Nous préférions d'ailleurs rester entre nous. »

Toutes les deux admettent bien en éclatant de rire quelques vertes incartades telles ces courses de solex entre Barnabé et le Pont des Barris situé à Périgueux ; des engins débridés pétaradant sur la rive gauche de l'Isle. C'est encore une mémorable bataille de prunes qui avait laissé la rue tâchée durant plusieurs jours et entraînait quelques réprimandes. Ou, encore, l'habitude de couper et ramasser les fleurs des haies de jardin « celles qui dépassaient dans la rue » souligne coquine Sylvie.

En ces années où Jean-Jacques Goldman aligne ses mélodies brutes à l'acoustique imprégnée de blues, qu'il chante « déchirées nos guenilles, de vauriens, les fers à nos chevilles, loin bien loin », le glamour est encore à portée de ces Boulazacoises nécessairement en fleurs et qui affichent dans leur jean et avec leur sweat shirt une cool attitude qui admettait aussi bien « La Croisière s'amuse » que « Le Père noël est une ordure ». Quelques personnages à la « Pagnol » s'accrochent à une petite société qui ne voit pas les changements arriver. C'est un certain colonel que l'on disait liquidateur des affaires de François Mitterrand et que l'on venait voir pour régler le coup de piston qui arrangerait un service militaire encore actif ; une femme à la poitrine et au cœur généreux qui recevait beaucoup trop pour ces jeunes adolescentes qui n'y comprenaient décidément rien à ces « vieux » ; le « Léo Mortessagne » qui fabriquait ses vielles dans la rue et profitait des allers et venues des voisins pour échanger quelques nouvelles. La figure tutélaire de Lucien Dutard, l'instituteur et le maire, transpire comme toujours, avec ses chaussettes mises à sécher sur le radiateur et ces façons paternelles de surveiller l'orthographe de tous, sachant tout sans rien dire mais avec le souci de veiller à ses ouailles. Il y avait encore le père Foussard qui, d'après Francine : « Comme nous n'avions pas de matériel pour partir camper et bien il nous prêtait le sien... » Et si la fête foraine venait de vivre sa dernière édition à la fin des années soixante-dix, les enfants et les adolescents poursuivaient les ventes de crêpes et les tombolas au profit des écoles. Oui, ces années quatre-vingt annoncaient des temps nouveaux même si les jeunes de la Cité Bel-Air continuaient à fréquenter la guinguette et les cinémas de Périgueux, presque comme leurs parents.

Comme tous les jeunes, les adolescents de leur époque, Francine et Sylvie se sont arrimées aux années quatre-vingt avec toute la fougue d'une génération de femmes pour laquelle les combats des suffragettes et des féministes ont entrouvert quelques libertés. C'est aussi une résonance de l'après 68 qui n'est pas encore résigné. La ville de Boulazac entame sa métamorphose et leur quartier s'assoupit tout en regardant les fermetures des épiceries et des bars se multiplier. Même le mythique Moulin Rouge disparaît ainsi que ses ailes démontées et en voie d'oubli. Le temps des légendes est arrivé.

A la fin de la décennie, un centre ville est inauguré, entre le vieux bourg et la Cité Bel-Air ; l'annexe de la mairie est progressivement désertée. Francine en assurera la dernière permanence en 1997.

Un siècle et un millénaire se consomment et les anciens s'en vont avec leurs histoires et leurs souvenirs dans une gibecière à l'utilité brimée. Francine et Sylvie, à leur façon, comme les autres de leur génération, entrent dans la vie active et familiale, comme jadis leurs grands-parents et leurs parents. Ou presque, car la période d'euphorie des eighties connaît ses premiers hoquets et si Michel Drucker est toujours à l'affiche sur les écrans de télévision qui s'agrandissent démesurément et que les téléphones portables s'imposent, la Cité Bel-Air semble promise à d'autres aventures où l'ombre des américains et le renouveau de la guinguette deviennent un patrimoine commun si singulier et si réservé.

Peu à peu, le monde ouvrier cède devant une classe moyenne qui veut apprendre et partager cette sérénité des lieux et des gens. Une filiation entre deux mondes et entre deux époques qui se cherche et à laquelle les quinquagénaires, ceux des eighties, sont attachés. On entendrait presque l'étoile des ces années-là, Serge Gainsbourg, chanter « Les enfants de la chance » ou, encore, Bernard Lavilliers interprétant *On the Road Again*.

Pour Francine, Sylvie et les autres, les paroles continuent de danser dans leurs yeux et c'est tout un pan de la culture de ce fragment de la France qui scintille dans cette « conquête de l'Ouest » inachevée.

- ▼ -

Micheline Perrier

Micheline Perrier

L'histoire l'a amené à Vichy, entre 1940 et 1944, au Commissariat général à l'éducation physique comme chargée de presse, puis mannequin à Paris avant de retrouver le quartier de la Cité Bel-Air, par amour, et parce que c'est là qu'elle a appris à marcher. L'étonnante séduction qu'affiche toujours Micheline Perrier est une leçon de vie.

Dans une de ces maisons cubes gloires des années cinquante, rue John Kennedy, masquant l'ancien baraquement bâti par les Américains en 1917 et où elle a vécu son enfance, Micheline Perrier claironne son âge : 95 ans. Elle le sait trop bien, on peine à la croire. Il y a chez cette femme une pointe d'élégance dans ce regard qu'elle annonce brouillardeux mais qui pétille dans la pièce où sont amoncelées toutes les choses du quotidien. Oui, il y a l'empreinte d'une époque où les stars françaises se nommaient Michèle Morgan, Micheline Presle, ou Viviane Romance.

Née en 1921, à Périgueux, Micheline arrivera cinq ans plus tard dans un de ces baraquements laissés par les Américains et que ses parents « Péotards » ont décidé d'acquérir. Elle apprendra la sténodactylographie et sera embauchée au Crédit Lyonnais, à Périgueux.

A l'été 1940 c'est l'effondrement de toute une nation. Micheline est sans travail. Elle va sur ses dix-neuf ans et ses parents,

Émile et Marguerite, s'inquiètent pour son avenir. Un ami de la famille démobilisé et affecté au Service national des statistiques à Vichy lui propose de l'amener et de lui trouver un travail dans la nouvelle administration qui s'installe sur les rives de l'Allier. Nous sommes en septembre et Micheline arrive dans la ville d'eau où on lui propose d'entrer au Commissariat général de l'éducation physique que préside le joueur de tennis Jean Borotra ; la voici chargée de la revue quotidienne de presse et de la revue Héraclès qui est l'outil d'information de son administration.

Elle s'installe vaille que vaille dans un logement, à l'écart des grands hôtels où sont disposés les ministères. Ce sera une chambre réquisitionnée sans eau et sans chauffage ; mais, l'insouciance de la jeunesse la protège et, désormais, elle se rappelle avant tout la vie culturelle qui était très dense et riche à cette époque.

L'hôtel Le Plaza était dévolu au Secrétariat aux sports où elle travaillait ; elle était à deux cents mètres de l'Hôtel du Parc où résidait un maréchal dont les objectifs étaient encore inconnus : Philippe Pétain. Elle le croisera parfois dans les promenades journalières qu'il effectuait avec une grande simplicité.

Plus de soixante-dix ans plus tard, Micheline Perrier avoue que ce fut, pour elle, une belle période. « On était entre jeunes, tous sortis de notre province et sans aucune formation politique, on ne se posait guère de question et Vichy était à l'écart de la guerre. On voyait très peu d'Allemands. Ceux-ci devaient se promener en civil. Quelquefois, le dimanche, à vélo nous allions à la campagne chercher de quoi manger mais jamais très loin. » Elle raconte, amusée, que bénéficiant de boîtes de pastilles Vichy, elle les revendait ou les troquait pour améliorer l'ordinaire de la cantine du ministère.

Elle s'était inscrite à la Croix-Rouge-Française située aux Bains Callou où elle avait suivi une formation afin de répondre aux besoins qui pouvaient surgir suite à des bombardements sur Clermont-Ferrand, ville industrielle toute proche.

Durant ces quatre années, de Jean Borotra à Joseph Pascot, Micheline Perrier s'est attachée à son travail sans s'interroger. Aujourd'hui, elle avoue avoir été choqué sur ce qui était fait aux Juifs et souligne : « vous savez, il n'y avait pas beaucoup de Juifs à Vichy... On était dans un autre monde.»

Micheline Perrier continue : « Les plus durs étaient ceux de la Milice de Darnand. C'étaient des peaux de vache. Un de notre bande avait été arrêté pour avoir un peu traficoté et il est revenu dans un état lamentable... »

Le 20 août 1944 alors que le maréchal a été arrêté la veille par les Allemands et transféré dans l'est de la France et que sonne l'heure de la Libération, Micheline Perrier se rappelle : « On était heureux. J'allais pouvoir rentrer chez moi. Mais, une voiture munie d'un haut-parleur nous a demandé de ne pas sortir car une colonne allemande arrivait sur Vichy. On ne l'a jamais vue et les résistants ont libéré la ville. Moi, après un passage à Boulazac, chez mes parents, je suis remontée quelques semaines plus tard sur Paris.

Micheline Perrier est une grande et belle jeune femme en cette année de la libération. Le rédacteur en chef de la revue du ministère – Héraclès – lui avait dit de rentrer chez elle et qu'on la rappellerait dés que les services seraient installés à Paris. En janvier 1945 elle se retrouvait rue de la Bourdonnaye avec ses anciens collègues.

Profitant de sa présence à Paris, elle tentait de faire du mannequinat. Elle débutera dans la maison de haute couture Callot Sœurs – aujourd'hui Vionnet - qui tient le haut du pavé dans la capitale et dans le monde. Puis, ce sera Nina Ricci. Malheureusement, Micheline Perrier n'étant pas du sérail et, peut-être trop fragile, elle est mise sur la touche. « Il y avait du monde à la porte et je n'avais pas assez de relations » précise-t-elle.

Au début des années cinquante, remarquée pour son élégance et sa prestance, elle fera du mannequinat, pour une maison Périgourdine, installée sur les boulevards, chez Madame

Montagut. « Une maison de luxe pour les familles fortunées de la région » précise Micheline Perrier. Elle sera photographiée par les photographes de l'époque notamment les « Gauthier » et un certain Ralph Finkler connu aujourd'hui pour ses activités de résistance durant l'occupation.

Mais, en 1947, la roue du destin lui impose une maladie comme il y en avait beaucoup à la sortie de cinq années de privations ; elle revient à Boulazac, toujours chez ses parents ; elle a vingt-six ans. Pour Micheline, éclatante de beauté, contrariée dans son élan par une personnalité pas assez people, petite provinciale cherchant une raison à mettre Rastignac au féminin, la voici revenue à la case départ, celle d'un été effroyable et foudroyant que seuls peuvent juger ceux qui l'ont vécu.

Une année plus tard, elle se marie avec un agent de la SNCF avec lequel elle restera jusqu'au décès de ce dernier à la fin des années quatre-vingt. Ils n'auront pas d'enfant mais adopteront une fille. Pour faire bouillir la marmite, Micheline Perrier travaillera jusqu'à sa retraite, comme comptable, dans différentes entreprises de Périgueux.

Micheline ne fréquentait guère les lieux de détente de Périgueux et elle a peu de souvenirs sur la guinguette de Barnabé : « Ce que je peux vous dire c'est que c'était une institution et ça fonctionnait très bien. »

Alors que la lumière décline au-dessus du 18 rue John Kennedy, Micheline veut évoquer sa maman, Marguerite Chastenet : « Elle était, à l'époque, une des femmes élues à la municipalité de Boulazac. C'étaient à la sortie de la guerre que Jean Lajoinie puis Lucien Dutard, communistes, le lui avaient demandé. Elle a même été adjointe. On se le rappelle encore. Quand on m'en parle, je suis heureuse. »

C'est l'hiver et le printemps arrive. Micheline est là, avec ses pages d'histoires et d'Histoire. Se mélangent dans ses yeux si mousseux les « boys » de 1917, la France éclatée de 1940, les espérances d'une jeunesse hissée au dessus de la défaite par un général et qui va se reconstruire, et même ce nouveau millénaire qui s'apprête à affronter de nouveaux défis qu'elle écoute sur sa radio tout au long de la journée.

Presque espiègle, Micheline offre un café pour prolonger notre visite et, peut-être, nous dire de revenir.

Lorsque nous lui annonçons que son ancien patron à Vichy, Joseph Pascot – condamné au bannissement puis relaxé pour faits de résistance – était décédé en 1974, à Ribérac, tout prés de chez elle, elle était surprise ; elle ne savait pas car, comme beaucoup de ses contemporains, ceux de son temps, il fallait regarder la vie de face et ne plus s'attarder. En fait, une romance bien française qui se prolonge doucement et assurément dans ce quartier de la Cité Bel-Air.

- ▼ -

Jean-Paul Philot

Jean-Paul Philot

Entre la rue Branly et la rivière l'Isle, à Boulazac, dans ce quartier de la Cité Bel-Air, la famille Philot s'est implantée dès 1926. C'était le temps des maraîchers. Aujourd'hui, Jean-Paul Philot entretient la dernière vigne du quartier.

Nous sommes dans le bas du quartier de la Cité Bel-Air, presque sur la berge de l'Isle où s'échouent les jardins et où les pêcheurs viennent taquiner le poisson. Entre les rue Edison et Branly. Un peu à l'écart de la guinguette de Barnabé et dans le prolongement de l'ancien camp américain situé plus en hauteur. La nature est encore acceptée et les saisons toujours bien accueillies. Sauf, évidemment, les crues de la rivière qui sont de véritables pages d'histoire de cette partie du quartier.

C'est dans sa maison, au lieu-dit La Porcherie, nom toujours conservé au cadastre, que Jean-Paul Philot nous reçoit. Un assez vaste terrain devenu avec le temps une prairie. Il est né en 1949, sous le signe du capricorne, à Boulazac. Mais, c'est en 1951 qu'au décès d'un grand-oncle ses parents viendront habiter dans la bâtisse familiale située rue Branly.

La famille Philot est arrivée en 1926. Sept ans après le départ des Américains. De nombreux terrains étaient en vente. C'est un grand-oncle qui a acheté ce grand bout de terre, que nous voyons toujours aujourd'hui, à la famille Bosch dont un de ses membres s'est vu attribué une rue. C'était encore le temps béni mais laborieux des maraîchers. Le grand-oncle qui tenait un bar rue Saint-Gervais à Périgueux décidait de développer ici une activité maraîchère qui lui conforterait un avenir toujours incertain.

C'est à son décès que Fernand et Jeanne, les parents de Jean-Paul, agriculteurs reprennent cette activité. Les temps commencent à changer et les Trente Glorieuses ne sont pas les mêmes pour tous. Le petit Jean-Paul fréquente l'école maternelle du quartier, à l'époque située sur le boulevard du Petit-Change puis la Primaire installée dans l'actuelle salle des associations, prés de la mairie qui n'avait d'annexe que le nom puisque l'essentiel de la population de la commune était sur la Cité Bel-Air.

Jean-Paul Philot, désormais retraité de l'Administration des impôts, se rappelle : « Il y avait beaucoup d'enfants. Rien que dans la rue Branly nous étions plus d'une quinzaine. On se connaissait tous. Il y avait les familles Peyronnet, Chabreyrou, Luzignan, Roumagne, Bleynie, Dumas... La plupart est restée sur le quartier mais les choses sont en train de changer...»

En fait, Jean-Paul Philot n'a guère quitté le quartier ; seulement pour quelques promotions professionnelles et sans jamais oublier de retourner visiter la propriété familiale dont il assure aujourd'hui l'héritage avec son épouse Chantal, rencontrée à la fête des écoles, en 1969.

« On imagine pas l'animation qu'il y avait ici dans l'après-guerre. On pouvait ne pas sortir de cette enclave qui n'était que merveilleuse. On trouvait tout. Pensez qu'il y avait une épicerie, souvent aussi qui faisait bar, presque dans chaque rue. Nous avions des boulangeries, des coiffeurs, de petits artisans touche-à-tout, même des entreprises telles que les trois fabriques de javel, celle de sièges de cinéma, des menuisiers, des fabricants d'articles chaussants ; souvent il n'y avait qu'un ou deux salariés, généralement résidants dans le quartier » poursuit Jean-Paul.

Il évoque, dans le pré jouxtant sa maison, la présence des

vaches, jusqu'en 1964, dont il fallait enlever les bouses et attacher les bovins chaque dimanche car le pré était dévolu pour une journée aux footballeurs de l'Etoile Sportive de Boulazac ; des vaches qui donnaient un lait que les riverains allaient chercher au petit matin. Nous voici plongeant dans une autre époque finalement pas si éloignée de nous.

Jean-Paul n'a pas oublié que jusqu'en 1956 il n'y avait ni eau courante, ni gaz et que le tout-à-l'égout était attendu ; chacun avait, au fond du jardin, un puits et on se lavait parfois à la rivière. Là où se dresse aujourd'hui l'école Joliot-Curie se trouvait une décharge publique où les maraîchers venaient pour préparer leur compost. Pour l'eau, se rappelle-t-il, une association avait été constituée pour bénéficier de l'eau de la Ville de Périgueux et tout s'était bien passé.

Jusqu'aux années soixante, la Cité Bel-Air avait conservé ses origines rurales et la vie était encore rythmée par les évènements de la ferme. Ecoutons Jean-Paul : « Il y avait le « jour du cochon » ; ce jour-là, on tuait le cochon. L'occasion aussi de réunir la famille et les voisins qui venaient aider puis partager le repas toujours bien arrosé. Je me rappelle cette chanson : « Aujourd'hui, chez Piannou, on tue le cochon, ce matin on ne lui a pas donné sa baccade. » Les voisins profitaient en premier des produits de la tuerie.

C'est aussi le temps des vendanges, juste au dessus de la propriété, sur l'autre rive de la rue Branly. A Chaque vendange on prélevait la première bouteille pour la partager en famille et avec quelques voisins.

Aujourd'hui encore, Jean-Paul Philot a conservé cette enclave dédiée au Dieu Bacchus. « Ce n'est pas un grand vin, dit-il, mais c'est l'occasion de se retrouver, en septembre, une quinzaine de personnes qui viennent surtout passer un bon moment. On y mange la langue de bœuf, c'est une tradition. C'est, en tous les cas, la dernière vigne du quartier. Les quelques bouteilles tirées sont consommées en famille. » Et Jean-Paul Philot, tout en reconnaissant qu'il ne sait pas ce qu'il en adviendra après lui, nous amène avec une certaine fierté dans l'enclos où les pieds de vignes sommeillent durant l'hiver : « C'est la dernière vigne du quartier. »

Incontestablement, s'il y a une figure qui a marqué le quartier c'est bien celle de Lucien Dutard, l'ancien maire. Pour Jean-Paul Philot, l'image de l'instituteur est aussi exemplaire que celle de l'élu municipal. Il raconte : « Mon père lui servait de chauffeur dans les années cinquante et soixante. Il était plutôt gaulliste et Lucien Dutard était franchement communiste. Tous les deux se retrouvaient le dimanche pour faire leur tiercé à la maison. Il y avait Togno, un républicain espagnol enflammé. Jamais il n'y a eu de dispute. Imaginez cela aujourd'hui ! » Un Lucien Dutard qui ne manquait aucune fête de l'école, surtout celle de Noël ; un homme qui savait servir faute de se servir comme on dirait aujourd'hui.

Jean-Paul Philot se remémore les personnages de ces époques où la dureté du moment s'est éloignée pour ne laisser que la lumière de l'été filtrer les choses, les faits et les gens. Eh oui, il a connu « Tarzan » dans son arbre, Bonnefond le pêcheur, dit le « Bossu », qui mettait chaque matin son bateau dans la rivière et attendait treize heures pétantes pour rentrer avec sa pêche et la vendre chez les uns et chez les autres, les « Madeleines de la Jeannette » amenées par le triporteur à la trompe magique, le curé Danède, un Don Camillo au pays de Peppone, qui projetait les films de Laurel et Hardy mais aussi *Quand passent les cigognes* à la gloire de la grande guerre menée par les soviétiques, et bien d'autres encore.

Alors, aujourd'hui, lorsque Jean-Paul Philot accueille les enfants des écoles venus pour découvrir le jardin de Bacchus, sa petite vigne d'un petit millier de mètres carrés, il est heureux et s'imagine que tout ceci ne peut pas s'arrêter. Certains plants ont franchi les quatre-vingts automnes, des cépages hybrides bios qui donnent une barrique, une seule de deux cents litres. Quand il croise le regard des mômes il se voit, à leur âge, avec son petit jardin de deux ou trois mètres carrés qui lui servait de laboratoire expérimental. C'est à la disparition de son père, en 1979, que l'activité maraîchère s'est arrêtée. Finies les livraisons à Périgueux chaque mardi et vendredi. Les six mille mètres carrés étaient mis en retraite. Terminés, aussi, les coupes de fougères sur lesquelles on déposait les pissenlits pour les faire blanchir. Déjà, Jean-Paul avait décidé, comme dans la chanson de Jean Ferrat, de quitter ce pays en chantant « comment croire en voyant ce vol d'hirondelles que l'automne vient d'arriver » et « l'âme bien née noueuse comme un pied de vigne ». C'est peut-être pour cela que la vigne du « Château Bel-Air » est toujours là.

- ▼ -

Michelle Pillaire

Michelle Pillaire

Rebelle à toutes les injustices, dans la rue des Hollandais qu'elle habite depuis presque soixante-quatre ans, Michelle Pillaire a encore tous les grands rêves de sa jeunesse dans les yeux. Ceux de son quartier : la Cité Bel-Air qui est aussi un jardin de la dissidence.

Malgré les désillusions, dans la famille Jamilloux, on est communiste. Une véritable question de destin qui s'entretient depuis quatre générations. C'est que, avant de se marier, en 1975, Michelle était une « fille Jamilloux », dont le père était un camarade de cellule, Jean Pinet, maire-adjoint de la commune, du temps de Lucien Dutard, juste après la guerre, un autre communiste.

Ceci écrit, Michelle est arrivée rue des Hollandais en 1953, quelques semaines après avoir ouvert les yeux sur le monde. Ses parents voulaient absolument s'installer à la Cité Bel-Air. « J'ai cru, dit-elle, longtemps que la Cité Bel-Air c'était Boulazac. Au delà du quartier, il faut s'en souvenir, il n'y avait que des jardins, des prés et des bois. »

Après un DUT de génie civil, Michelle a suivi la filière de l'École normale en 1989 avant que de faire carrière dans l'Education nationale. Une promotion sociale dans une famille où le père était prothésiste dentaire et la mère employée dans un magasin réputé de confection, chez Geneste, à Périgueux. Son grand frère fut roulant à la SNCF. Tout le monde fréquenta assidument la cellule du parti de Boulazac.

Michelle ne quitta « son » quartier qu'entre 1974 et 1979, pour faire des études supérieures à Bordeaux.

Alors, lorsque Michelle Pillaire évoque la chanson de Jean Ferrat, *Ma France*, l'émotion est mal contenue : « Ma mère, Mauricette, était secrétaire de la cellule du parti, membre du bureau fédéral, elle militait aux Femmes françaises, au Secours Populaire, à l'Amicale laïque. Cette chanson [Ma France], ce fut toute sa vie. » Elle se rappelle comment les archives des républicains espagnols et d'Angelo Carasces qui vécut chez ses parents, furent protégées dans le grenier de la maison jusqu'à sa disparition, en 1978.

La jeune adolescente allait manifester, distribuer des tracts ou coller des affiches à Périgueux quand le parti le demandait. Michelle explique : « Ce n'était pas sans risques. Un soir, avec mes cousines, je suis tombée sur des gros bras gaullistes, peut-être des membres du SAC. On s'est sauvées et nos pères les ont cherchés en vain dans le quartier. Si aujourd'hui j'en ris, à l'époque je n'en menais pas large. »

Michelle se rappelle les combats guidés par l'idéal d'un monde meilleur, au moins plus juste et égalitaire. Il y eut « mai 68 » ; Michelle avait quinze ans ; elle ne manquait aucune manifestation et l'ambiance enfiévrée des cheminots qui attendaient le grand soir, entre les ateliers du Toulon et les boulevards, et dont beaucoup de familles vivait à la Cité Bel-Air. Tout comme, elle se rappelle de sa mère laquelle, en vélo, le frère de Michelle sur le porte-bagage arrière, apportait à Atur le matériel des militants.

Ce furent encore les grèves à Decazeville, en 1962 ; cette fois, la famille Jamilloux accueillit des enfants de mineurs pris en charge par le parti communiste. Michelle Pillaire a le souvenir de la mort, durant la guerre d'Algérie, d'un certain Lachaud qui avait mis le quartier en émoi d'autant que tout le monde était contre cette guerre. Il y a aussi la lutte contre « l'impérialisme américain » qui s'invita dans l'après-guerre. Si la présence amicale des boys du camp américain de 1917 était encore dans la mémoire des plus anciens, on avait badigeonné sur un mur du cimetière faisant face au quartier un superbe US go home. Michelle l'a vu disparaître lorsque fut érigé le Centre de Formation du Bâtiment, situé boulevard du Petit-Change.

De même, Michelle se souvient de son premier vote, pour les municipales de 1977 ; le vote effectué, mon père et son camarade Pinet m'amenèrent au bar « Chez Couderc » en face de la mairie annexe pour fêter l'événement et il n'y avait aucun doute sur le bulletin de vote glissé dans l'urne.

A la fin des années cinquante et même au delà on ne sortait guère du quartier de la Cité Bel-Air. On avait tout sur place. Il a fallu que Michelle grimpe sur le plateau, entre Les Mondis et Monplaisir pour qu'elle mesure le paysage qui entourait son quartier. Bien sûr, elle « montait » à la grande ville, à savoir Périgueux, mais c'était encore assez rare. D'un côté, la place Faidherbe et le pont des barris étaient des frontières naturelles et historiques ; de l'autre, c'était le vieux bourg et la campagne, ; la mairie annexe de la rue Antoine Deschamps remplissait ses fonctions administratives et sociales pour le plus grand bonheur des administrés du quartier.

Quand on parle de la guinguette à Michelle, ses yeux s'illuminent et pétillent. Elle y allait très régulièrement et nous parle des parties de bowling, du minigolf et de son apprentissage de la natation avec une note de nostalgie. Tout comme la fête qui se situait devant l'école Joliot Curie avec ses autotamponneuses, son pousse-pousse, sa chenille, son manège pour enfants, ses loteries et stands de tir ; on imagine Michelle gambadant et sautillant entre les musiciens de la fanfare de la Toulonnaise et des lampions qui rappelaient la Révolution française ; une fanfare composée d'ouvriers de la SNCF venue du lointain quartier du Toulon, à l'autre bout de Périgueux défilait dans le quartier.

La fanfare amenait avec ses flonflons et ses roulements de

tambour le public jusqu'au feu d'artifice offert par la municipalité. Et Michelle éclate de rire : « ce sont Jean Pinet, mon père et mon oncle Paul Rey qui tiraient le feu d'artifice sous les applaudissements. Il n'y a jamais eu d'incident. » Puis c'était le bal traditionnel avec ses flirts qui pouvaient devenir de grands amours.

Ces grandes fêtes se déroulaient fin juin et marquaient le début de l'été et des vacances scolaires. Selon Michelle, jusqu'au début des années quatre-vingt aucune famille du quartier ne manquait ce grand rendez-vous annuel et c'était l'occasion de se réunir entre soi et l'on venait parfois de loin pour s'amuser, prendre des nouvelles du petit ou de la grand-mère, refaire aussi le monde.

Michelle Pillaire considère aujourd'hui que c'est une belle réussite même si le quartier de la Cité Bel-Air a perdu un peu de son identité et de sa vie ancienne. « Mais, dit-elle, la disparition des commerces, l'éclatement des relations de proximité, l'assoupissement des rues, correspondent au sens de l'histoire. Je note que le réveil est en cours avec l'ouverture de la guinguette l'an prochain, les travaux d'aménagements des rues, le pôle médical. Maintenant, c'est à nous de bouger aussi. »

De ce qu'elle a vécu à ce qu'elle imagine encore, Michelle Pillaire, désormais grand-mère, répond toujours au nom de Robespierre ou du vieil Hugo. Si les grandes tablées où se préparaient les nuits blanches, celles aussi où les parties de cartes réunissaient les voisins n'ont plus la même odeur de fraternité, sa porte est toujours ouverte pour soigner les petits malheurs du moment, comme jadis. C'est à la fois génétique et son destin.

Avec Michelle Pillaire, le quartier de la Cité Bel-Air nous renvoie aux *Jardins de la dissidence* si bien écrits par Jonathan Lethem (1) ; le récit, du maccarthysme aux mouvements des années 2000, de Sunnyside, quartier contestataire new-yorkais où se font et se défont les rêves d'une société différente ; l'histoire d'une autre Amérique, presque celle qui, ayant traversé l'océan, en cette année 1917, vint bâtir ces fameux camp et hôpital qui donnèrent naissance à cette histoire avec la glaise humaine, jamais totalement pétrie, toujours noueuse et de couleur rouge, celle qui oscille entre dissidence et résistance.

- ▼ -

Paulette Preguimbeau

Paulette Preguimbeau

Durant toute la première moitié du vingtième siècle le quartier de la Cité Bel-Air, a vécu au rythme des maraîchers et horticulteurs qui approvisionnaient les marchés de Périgueux. Aujourd'hui, au bas de la rue des Bains, la famille Preguimbeau est la dernière représentante d'une activité qui a eu son heure de gloire. Trois générations se sont succédé entre Barnabé et le camp américain. Rencontre avec Paulette Preguimbeau aux yeux pétillants, à l'esprit solide et au cœur naturellement fleuri.

On l'aurait presque oublié mais le maraîchage, à partir du dix-huitième siècle, fut une activité importante qui se développait en périphérie des villes, sur des terrains généralement humides ce qu'offrait la proximité de la rivière l'Isle au bas du quartier de la Cité Bel-Air, à Boulazac, et à une distance raisonnable de Périgueux qui concentrait déjà une population importante. Tout au long du dix-neuvième siècle et jusqu'au milieu du vingtième siècle on dénombrait sur la Cité Bel-Air une dizaine de familles qui vivaient de cette agriculture maraîchère visant à produire des légumes, des fruits et des fleurs. Le maraîchage était distingué du jardinage par le fait qu'il était destiné à approvisionner les particuliers et les revendeurs d'une ville, en l'occurrence, pour la Cité Bel-Air, c'est Périgueux avec ses marchés de la Clautre, du Coderc, de Saint-Silain et de l'ancienne mairie. Le maraîchage fut une des premières mutations rurales qui vit des paysans se rapprocher de la ville, louer puis souvent acheter des terrains. C'est notamment le cas de la famille Preguimbeau venue en 1944 de Cornille, commune au nord de Périgueux. Paulette, constituant la seconde génération s'est installée avec son mari en 1961 et tous deux ont fait construire leur maison d'habitation qui ouvre sur la rue Branly. Claude, le mari de Paulette était employé des Postes ; deux enfants sont nés de cette union : un garçon et une fille.

Aujourd'hui, c'est leur fils, Lionel, qui assure l'activité presque essentiellement horticole sur les trois mille six cents mètres carrés de l'exploitation. Après une formation il a procédé à la restructuration et au développement de l'entreprise et a installé dès 1985 les premières serres maintenues à température par cinq chaudières et permettent une production de qualité. On retrouve Lionel et Paulette sur le marché de la place Saint-Silain où la famille a le même emplacement depuis soixante ans. « Nous sommes les plus anciens » souligne fièrement Paulette qui rajoute : « Nous avons une clientèle fidèle mais avec l'arrivée des grandes surfaces dans les années soixante-dix nous avons presque abandonné les légumes et les fruits pour nous consacrer à la production de plantes et fleurs. C'est l'époque où les autres maraîchers ont choisi de cesser leur activité et ont vendu leurs terrains afin de répondre à la demande de logements qui était importante. Nous, on continue… »

Sous les serres, bien alignées, les fleurs prennent leur essor en douceur et avec l'attention nécessairement bienveillante de Paulette et de Lionel. Il y a là des milliers de fleurs, des couleurs merveilleuses et des senteurs discrètes qui attentent le grand jour où elles vont émerveiller un jardin ou un intérieur de maison. Nous sommes dans un véritable et immense jardin qui mérite la visite ; une promenade joyeuse où le silence est presque religieux ; une religion qui serait celle de la nature. On se surprend presque à entendre l'eau de la rivière qui s'écoule toute proche. Comment concevoir que cet ultime espace, refuge presque d'un ancien monde, disparaisse ? Le patrimoine de ce quartier est aussi dans cette mémoire d'un temps qui a cédé progressivement face à un autre monde que l'on qualifie de moderne.

Paulette Preguimbeau, avec ses soixante-dix printemps, reflète toute l'énergie et le sens de la vie de ce ces femmes et de ces hommes qui ont travaillé la terre en priant le ciel qu'il leur soit bénéfique. Quand on lui parle de la Guinguette de Barnabé, elle sourit : « Le quartier, j'y venais pour les vacances car mes parents habitaient à Bassillac. Nous allions plutôt rarement à la Guinguette pour danser. Par contre, on utilisait le bac pour nous rendre de l'autre côté de la rivière, aux Maurilloux pour aller chez le boucher ou à la boulangerie. Pour nous, le camp américain et le boulevard du Petit-Change c'était le haut du quartier, déjà un autre monde. Là, c'était Barnabé. On travaillait beaucoup car on produisait, on distribuait aussi. Chez les particuliers, des revendeurs et les marchés. J'avais mes enfants et la maison à tenir. Il n'y avait pas beaucoup de temps pour se reposer. »

C'est une condition qui revient presque toujours chez les anciens du quartier. Cheminots, ouvriers, petits entrepreneurs, ils étaient tous attachés au labeur et à leur famille. Il y avait aussi une solidarité bien difficile à retrouver aujourd'hui. Ainsi Paulette se remémore la famille Bonnefond qui ravitaillait en poisson frais retiré de la rivière les voisins ou encore le Père Lautrec qui assurait la traversée du bac, ou même, encore « Monsieur Léopold » le fondateur de la guinguette et qui revient toujours à l'esprit avec sa noblesse roturière.

« Le métier n'était pas comme aujourd'hui, poursuit Paulette, par exemple les cantonniers de Périgueux venaient déverser les ordures ménagères près de chez nous où se situait un dépôt. Il n'y avait pas de plastique, quasiment pas de boites de conserves, très peu de papier ; on triait et on utilisait les ordures pour faire du compost. Ce qui a donné une terre exceptionnelle au fil des années. Maintenant on peut plus faire comme cela et on achète des granulats de crottes de poules comme compost. »

Si, comme l'a joliment laissé Anne Scott-James, « Il y a plus de plaisir à faire un jardin qu'à contempler le paradis », en regardant les yeux pétillants, l'allure perçante et les mots ardents de Paulette on se soumet. Ce paysage poétique des maraîchers nous est revenu le temps d'une rencontre. Un dessin aux couleurs jaunies qui se fraye toujours une existence dans un monde que l'on voudrait entretenir afin que seule la mémoire ne puisse nous le rappeler car, nous le savons bien, pour faire un beau jardin il faut un morceau de terre et d'éternité.

- ▼ -

Léopold Foussard en 1935

Dans les années 20, à la Maison Trapy, un certain Fernand Serre régalait déjà copains et autres, avec ses fritures de goujons et son petit vin blanc

1935. Construction de la guinguette de Barnabé

1938. Carte postale de la guinguette de Barnabé

Vue générale de la guinguette de Barnabé à la fin des années 40

Le célèbre plongeoir qui faisait rêver les adolescents

Fêtes nautiques au début des années 50

Fêtes nautiques au début des années 50

1950. Le bac qui relie les deux rives de l'Isle

A la guinguette on attend l'arrivée du bac

Le bac dans les années quarante

1953 est l'année où voit le jour le mini-golf

Promenade dominicale au mini-golf pour les périgourdins

Vue générale du mini-golf

1957. Vue de Barnabé à partir de la rive droite, sur Trélissac

René Trapy

René Trapy

C'était il n'y a pas si longtemps. Sur les berges de l'Isle, dans le quartier de la Cité Bel-Air, tout prés de la Guinguette de Barnabé. René venait d'épouser Ginette. Le jeune résistant qui, à dix-huit ans tout juste, au péril de sa vie, portait les messages du maquis « Mercédes » venait d'être démobilisé. Il retrouvait sa vocation de maraîcher, entre la rue du Gué de Barnabé et la place de la Clautre où il vendait ses productions. Il poursuivait l'activité familiale.

Parfaite incarnation de cette génération laborieuse de l'après-guerre, René se rendait à la fameuse Guinguette, chez ses amis de la famille Foussard. « Pas pour danser » dit-il aujourd'hui ; « pour aider à la vente des billets d'entrée » précise-t-il. Puis, ce fut l'arrivée de ses deux enfants. « C'est important les enfants » lâche-t-il en levant les yeux vers le ciel.

En ce temps-là il y avait encore les fritures portées par quelque braconnier du moment. Une parenthèse conviviale, entre copains, entre soi. René Trapy se rappelle l'orchestre venu de Brive qui était encore le bout du monde. Malicieux il évoque les belles filles en maillot venues se baigner, le cochon qui s'ébrouait entre les tables semant une joyeuse pagaille.

« A l'époque, on ne demandait qu'une chose : qu'on nous laisse travailler. On vivait au jour le jour. C'était ainsi. » évoque notre presque nonagénaire sous le regard affectueux de son fils.

René Trapy est arrivé à la Maison de retraite de Bassillac il y a deux ans, par confort et pour être tranquille. Il en a profité pour afficher quelques unes de ses peintures. Des fleurs, naturellement.

Puis, en 1951, ce fut l'arrivée au service des espaces verts à la Ville de Périgueux. Une belle carrière qui l'amènera à la retraite, en 1986 avec le grade envié de « Chef jardinier ». Il a connu trois maires : Pierre Pugnet, Lucien Barrière et Yves Guéna.

Avec l'humilité que l'âge appelle il dit : « Je faisais simplement ce que l'on me disait de faire. » On ne peut pas mieux dire.

René Trapy suit l'actualité : « Ce serait dommage que la Guinguette s'arrête. C'est bien que l'on fasse quelque chose pour la maintenir. C'est un endroit formidable. »

Francis Desage, le président des « Amis de Barnabé » laisse tourner sa caméra. Il veut fixer ces instants précieux d'un « jardinier de mémoire ». Le travail ainsi entamé il y a quelques mois se prolonge au gré des rendez-vous avec ces « anciens » qui nous promènent dans leur jardin merveilleux.

- ▼ -

Table des matières

Bibliographie

Chroniques de Boulazac, Jean Dumas et Michel Combet, Copédit 1989.

Histoire de Boulazac 1800-1940, Jérôme Mathet, U.F.R. d'histoire, Maîtrise d'histoire.

De Boulazac à Boulazac, 1800-2000, la conquête d'une identité, Isabelle Delord, Ville de Boulazac.

Le quartier des Barris-Saint-Georges à Périgueux, Albert Granger, Imprimerie Ribes, 1948.

L'armée en Périgord, Suzanne Boireau-Tartarat, Imprimerie Réjou, 1994.

Histoire sociale de la Dordogne, la Caisse d'Allocations familiales de 1924 à 1996, Anne-Marie Siméon, Fanlac, 1996.

Les cheminots à l'assaut du ciel, Jean-Serge Eloi, Fanlac, 2006.

1920, Le Périgord voit rouge, Jean-Paul Salon, La Lauze, 2000.

Au temps du front Populaire; Jean-Paul Salon, La Lauze, 2005.

Le Périgord des Trente Glorieuses, Gérard Fayolle, Fanlac, 2015.

Les français au quotidien, 1939-1949, Eric Alary, Perrin, 2006.

Histoire de la résistance en Périgord, Guy Penaud, Fanlac, 1985.

Le Grand Livre de Périgueux, Guy Penaud, La Lauze, 2003.

1944 en Dordogne, Jacques Lagrange, Pilote 24, 1994.

50 ans de batailles politiques en Dordogne, 1945-1995, Gérard Fayolle, Fanlac, 1997.

En Périgord avant la télé, Didier Vimard, Pilote 24, 2004.

Mon quartier du Pot-au-lait, Martine Sombrun-Tesnière, Pilote 24, 2011.

- ▼ -

Remerciements

A Jacques Auzou
qui a témoigné sa confiance et son soutien à l'auteur.

A l'association Les Amis de Barnabé, à Francis Desage,
qui ont accompagné ce projet avec une joyeuse convivialité.

A Philippe Desvaux
pour sa bienveillante attention dans la correction du manuscrit.

Du même auteur

De la plume au pistolet, petite histoire de la presse en Périgord
Médiapress, 1992

Faits divers, la parabole du publiciste et du hamster
Guillemets, 2013

La rose rouge de Sarajevo, première édition
Guillements, 2014

Terrasson-Lavilledieu :
Voyages inoubliables en Périgord noir
Guillemets, 2014

Encres de Chine
Les Livres de l'Îlot,2016

Le Papillon du Cannaregio
Les Livres de l'Îlot,2017